Fragen & Antworten
Die EU-Kontrollverordnung 2017/625

Boris Riemer

Fragen & Antworten

Die EU-Kontrollverordnung 2017/625

Unter besonderer Berücksichtigung der Auswirkungen für den Lebensmittelunternehmer sowie die Aufgaben zur Bekämpfung von Food Fraud

BEHR'S...VERLAG

Bibliografische Information der Deutschen Nationalbibliothek

Die Deutsche Nationalbibliothek verzeichnet diese Publikation in der Deutschen Nationalbibliografie; detaillierte bibliografische Daten sind im Internet über http://dnb.d-nb.de abrufbar.

ISBN 978-3-95468-625-4

© Behr's GmbH · Averhoffstraße 10 · 22085 Hamburg

Tel. 0049/40/22 70 08-0 · Fax 0049/40/220 10 91
E-Mail: info@behrs.de · Homepage: http://www.behrs.de

1. Auflage 2019

Satz: Marzena Rosochacz

Alle Rechte – auch der auszugsweisen Wiedergabe – vorbehalten. Herausgeber und Verlag haben das Werk mit Sorgfalt zusammengestellt. Für etwaige sachliche oder drucktechnische Fehler kann jedoch keine Haftung übernommen werden.

Geschützte Warennamen (Marken) werden nicht besonders kenntlich gemacht. Aus dem Fehlen eines solchen Hinweises kann nicht geschlossen werden, dass es sich um einen freien Warennamen handelt.

Aus Gründen der besseren Lesbarkeit wird auf die gleichzeitige Verwendung männlicher und weiblicher Sprachformen verzichtet, sondern die männliche Sprachform gewählt. Sämtliche Personenbezeichnungen gelten selbstverständlich gleichermaßen für alle Geschlechter.

Vorvort

Die EU-Kontrollverordnung Nr. 2017/625 löst nach fünfzehn Jahren die Verordnung (EG) Nr. 882/2004 zum 14.12.2019 ab. Dabei beschränkt sie sich nicht auf eine bloße Ablösung der alten Kontrollverordnung, sondern unterwirft auch andere Bereiche der amtlichen Kontrolle.

Dabei geht es nicht nur um die erweiterte Sicherheit der Lebensmittel, die die Pflanzengesundheit und die Tiergesundheit einbezieht, sondern auch um den Täuschungsschutz. Hier geht es nicht nur um bloße Irreführung, sondern auch um Lebensmittelkriminalität („food fraud"), betroffen sein können hier vor allem ökologische Lebensmittel und Lebensmittel, die dem Geoschutz unterliegen.

Die Auswirkungen der neuen EU-Kontrollverordnung sind weit: Neben neuen Regeln für die Kontrollbehörden der Mitgliedstaaten ergeben sich für die Lebensmittelunternehmen Änderungen in den an sie gestellten Anforderungen.

Dieser Band widmet sich einer Einführung in die neue EU-Kontrollverordnung und behandelt schwerpunktmäßig die Auswirkungen für den Lebensmittelunternehmer.

Die Kapitel sind nach Schlagworten sortiert, daher kann es inhaltlich zu der ein oder anderen Überschneidung mit einer Frage in einem anderen Kapitel kommen. Dies ist gewollt, weil sonst Querverweise notwendig wären, die das Lesen erschweren würden.

Soweit nicht anders angegeben, wird von der EU-Kontrollverordnung (EU) Nr. 2017/625 gesprochen, die der besseren Lesbarkeit wegen als „EU-Kontroll-Verordnung" bezeichnet wird.

Lörrach, November 2018,
Boris Riemer

Der Autor

Dr. Boris Riemer

Ausbildung zum Bankkaufmann. Studium der Rechtswissenschaften in Freiburg. Auslandsaufenthalte in Florenz, Helsinki, Harvard, Straßburg und Basel mit dem Schwerpunkt Europäisches Recht. Assistenztätigkeit bei der Europäischen Kommission in Brüssel. Mitarbeiter einer internationalen Anwaltssozietät in Brüssel im europäischen Wirtschaftsrecht. Mitarbeit beim Bund für Lebensmittelrecht und Lebensmittelkunde e. V. (BLL) in Bonn und in einer auf Lebensmittelrechtspezialisierten Sozietät. Promotion im europäischen Wirtschaftsrecht. Fachanwaltskurs der Deutschen Anwaltsakademie zum Gewerblichen Rechtsschutz. Lehrbeauftragter für Lebensmittelrecht und Kartell- und Wettbewerbsrecht an der Dualen Hochschule Baden-Württemberg. Mitglied im Rechtsausschuss des BLL. Zahlreiche Publikationen zum deutschen und europäischen Lebensmittel- und Bedarfsgegenständerecht. Referent bei zahlreichen Tagungen und Veranstaltungen zu lebensmittel- und bedarfsgegenständerechtlichen Themen in Deutschland, Österreich und der Schweiz. Seit 1999 Tätigkeit als Rechtsanwalt im Lebensmittelrecht. Partner der Sozietät Seitz & Riemer.

Inhaltsverzeichnis

Vorvort.. V
Der Autor.. VII
Abkürzungsverzeichnis XV

Einleitung

1	Was ist Regelungsgegenstand der EU-Kontrollverordnung?......	1
2	Warum wurde eine neue Verordnung geschaffen?.............	1
3	Welche Bereiche werden von der Verordnung erfasst?.........	2
4	Wird durch diesen weiten Ansatz der Bereich der gemeinsamen Marktorganisation erfasst?...............................	3
5	Welche Bereiche bleiben von der EU-Kontrollverordnung ausgenommen?......................	4
6	Wer ist Adressat der EU-Kontrollverordnung?.................	4
7	Was sind die Neuerungen mit Auswirkungen auf den Unternehmer?...	5
8	Was ist mit Risikobasierung gemeint?	6
9	Was bedeutet Transparenz?...............................	6
10	Wie ist die EU-Kontrollverordnung gegliedert?...............	7
11	Regelt die EU-Kontrollverordnung die amtliche Kontrolle abschließend?...	7
12	Wann ist mit den Erlass der abgeleiteten Rechtsakten zu rechnen?...	7
13	Wie werden die abgeleiteten Rechtsakten erlassen?...........	8
14	Wann gilt die Verordnung?...............................	8

Gegenstand der amtlichen Kontrolltätigkeit

15	Was ist Gegenstand der Verordnung?.......................	9
16	Was sind amtliche Tätigkeiten?............................	9
17	Was sind andere amtliche Tätigkeiten?.....................	10
18	Müssen andere amtliche Tätigkeiten und andere amtliche Tätigkeiten von Behörden vorgenommen werden?	10
19	Was sind die zuständigen Behörden?.......................	11
20	Was ist eine beauftragte Stelle?	11

Inhaltsverzeichnis

21 Was ist eine Kontrollbehörde für ökologische/biologische Produktion? 11

Pflichten und Anforderungen an die Lebensmittelüberwachung

22 Wer führt amtliche Kontrollen durch? 13
23 Welche Behörden sind zuständig? 13
24 Welcher Organisationsqualität sind die zuständigen Behörden für die Tätigkeit der amtlichen Kontrolle? 13
25 Welche Anforderungen müssen die zuständigen Behörden erfüllen? 14
26 Welche Anforderungen werden an das Personal gestellt? 14
27 Wie hat die Lebensmittelüberwachung zu erfolgen? 15
28 In wessen Interesse erfolgt die Lebensmittelüberwachung? 15
29 Gibt es ein Amtsgeheimnis? 16
30 In welchen Fällen darf die Verschwiegenheit durchbrochen werden? 16
31 Wie verhält sich die Verschwiegenheitspflicht im Verhältnis zu Art. 10 Basis-VO und zum VIG? 17
32 Welche Aufgaben können an beauftragte Stellen übertragen werden? 17
33 Welche Anforderungen müssen beauftragte Stelle erfüllen? 18

Risikoorientierte Kontrolle

34 Wie hat die Lebensmittelüberwachung zu erfolgen? 19
35 Was bedeutet „Risiko"? 19
36 Was bedeutet „Risikoorientierung"? 20
37 Wie fließt die Kontrolle von Food Fraud ein? 20
38 Können für die Kontrollhäufigkeit auch die Eigenkontrollen der Lebensmittelunternehme berücksichtigt werden? 21

Gegenstand und Durchführung der amtlichen Kontrolle, Transparenz und Dokumentation

39 Welche Prinzipien liegen der amtlichen Kontrolle zugrunde? 23
40 Was ist Gegenstand der amtlichen Kontrolle? 23
41 Wie werden amtliche Kontrollen durchgeführt? 24

42	Müssen die Kontrollen unangekündigt verlaufen?	25
43	Kann ein Unternehmen eine Kontrolle verlangen?	25
44	Ist die Lebensmittelüberwachung zu dokumentieren?	26
45	Was ist Inhalt der Dokumentation?	26
46	Besteht ein Anspruch des Lebensmittelunternehmers auf Unterrichtung über den Inhalt der Aufzeichnungen?	26
47	Was bedeutet „umgehend"?	27
48	Warum ist die schriftliche Dokumentation notwendig?	27
49	Was bedeutet die Reduzierung der Beeinträchtigung der Betriebsabläufe auf ein Mindestmaß bei der Kontrolle?	28
50	Mit welchen Methoden und Techniken erfolgt die Kontrolle?	28
51	Können amtliche Untersuchungen auch von privaten Laboren vorgenommen werden?	29

Rechte und Pflichten der Unternehmer

52	Wer ist von der EU-Kontrollverordnung betroffen?	31
53	Welche Pflichten hat der Lebensmittelunternehmer?	31
54	Was besagt die Registrierungspflicht?	32
55	Was ist Inhalt der Registrierungspflicht?	32
56	Welche Unternehmen betrifft Registrierungspflicht?	33
57	Gibt es Rechtschutz?	33
58	Gibt es Geheimhaltungsplichten?	33
59	Was unterliegt der Geheimhaltungsplicht?	34
60	Wann kann die Geheimhaltungsplicht durchbrochen werden?	34
61	Welche Rechte hat der Unternehmer vor der Veröffentlichung?	35
62	Besteht Anspruch auf die Berücksichtigung von Eigenkontrollen und Ergebnissen privater Zertifizierungsstandards bei der Bemessung der Kontrollfrequenz?	35
63	Wie ist das Recht auf Gegenprobe geregelt?	35
64	Was bedeutet „ausreichende Zahl" von Gegenproben?	36
65	Warum ist das Recht auf ein zweites Sachverständigengutachten so wichtig?	37
66	Kann der Unternehmer auf eine Gegenprobe verzichten?	37
67	Welche Rechte bestehen im Online-Handel?	38

Whistleblower

68	Was ist ein Whistleblower?	39
69	Warum ist ein Whistleblower für die Kontrolle wichtig?	39
70	Warum sind spezielle Schutzregeln für Whistleblower notwendig?	39
71	Wie sieht der Rahmen für den Schutz von Whistleblowern aus?	40
72	Ist die Tätigkeit des Whistleblowers auf die Kontrollbehörden beschränkt?	40

Food Fraud

73	Was bedeutet Food Fraud?	41
74	Seit wann gibt es Food Fraud?	42
75	Ist der Schutz vor Food Fraud neu?	42
76	Wann ist mit Food Fraud zu rechnen?	43
77	Wie kann Food Fraud kategorisiert werden?	43
78	Was begünstigt Food Fraud?	44
79	Was bedeutet Food Fraud für die Lebensmittelüberwachung?	44
80	Was bedeutet die Gefahr von Food Fraud für den Lebensmittelunternehmer?	45
81	Welche Instrumente stehen dem Unternehmer für die Bewertung von Food Fraud zur Verfügung?	45
82	Welche Konsequenzen zieht das Thema für die Zertifizierung nach sich?	46
83	Wie wird von amtlicher Seite Food Fraud begegnet?	46
84	Welche Aufgaben nehmen EU Referenzzentren für die Echtheit und Integrität der Lebensmittelkette war?	46
85	Welche Fragen stellen sich im Rahmen der Authentizität?	47
86	Wie wird Food Fraud sanktioniert?	47

Transparenz & Hygienebarometer

87	Was bedeutet Transparenz der Kontrolle?	49
88	Müssen die Behörden Rechenschaft über die Kontrolltätigkeit ablegen?	49
89	Was ist Inhalt der Information gegenüber der Öffentlichkeit und des Jahresberichts?	50

Inhaltsverzeichnis

90	Besteht Anspruch auf Korrekturen bei Ungenauigkeiten der Berichte?	50
91	Haben Hygieneampel und Hygienebarometer eine Zukunft?	51
92	Welche Voraussetzungen müssen für Einstufungen erfüllt sein?	51
93	Welche Einstufungssysteme bestehen in Deutschland?	52
94	Braucht es Hygienebarometern und Hygieneampeln?	53
95	Wie steht es um die Zukunft von § 40 Abs. 1a LFGB?	53

Kosten der Kontrolle

96	Können die Mitgliedstaaten Kosten für Kontrollen erheben?	55
97	Werden Routinekontrollen zwingend kostenpflichtig?	56
98	Bleiben Importkontrollen kostenpflichtig?	56
99	Bleiben sektorspezifische Kontrollen kostenpflichtig?	56
100	Wie steht es um die Kostenpflichtigkeit bei anlassbezogenen Kontrollen?	56
101	Wie ist die derzeitige Lage der Gebührenerhebung in Deutschland?	57
102	Was ist Maßstab der Gebührenberechnung in Niedersachsen?	57
103	Warum werden Gebühren erhoben?	58
104	Was spricht gegen die Gebührenerhebungen?	58
105	Wie bewerten die Gerichte die Gebührenerhebungen?	59

Auswahl weiterführende Literatur 61

Rechtsprechung (Auswahl) 63

Stichwortverzeichnis 65

Abkürzungsverzeichnis

Abs.	Absatz
Art.	Artikel
AVV RÜb	Allgemeine Verwaltungschorschrift Rahmenüberwachung
BLAG	Bund-Länder-Arbeitsgruppe
BRC	British Retail Consortium
BVerfG	Bundesverfassungsgericht
BVL	Bundesamt für Verbraucherschutz und Lebensmittelsicherheit
EG	Europäische Gemeinschaft
EU	Europäische Union
EuGH	Europäischer Gerichtshof
IFS	International Food Standard
IMSOC	Information Management System for Official Controls
ISO	International Organization fort Standardization
Nr.	Nummer
OVG	Oberverwaltungsgericht
VO	Verordnung

Einleitung

1 Was ist Regelungsgegenstand der EU-Kontrollverordnung?

Die EU-Kontrollverordnung betrifft amtliche Kontrollen. Vollständig lautet der Titel „Verordnung (EU) Nr. 625/2007 über amtliche Kontrollen und andere amtliche Tätigkeiten zur Gewährleistung der Anwendung des Lebens- und Futtermittelrechts und der Vorschriften über Tiergesundheit und Tierschutz, Pflanzengesundheit und Pflanzenschutzmittel, zur Änderung der Verordnungen (EG) Nr. 999/2001, (EG) Nr. 396/2005, (EG) Nr. 1069/2009, (EG) Nr. 1107/2009, (EU) Nr. 1151/2012, (EU) Nr. 652/2014, (EU) 2016/429 und (EU) 2016/2031 des Europäischen Parlaments und des Rates, der Verordnungen (EG) Nr. 1/2005 und (EG) Nr. 1099/2009 des Rates sowie der Richtlinien 98/58/EG, 1999/74/EG, 2007/43/EG, 2008/119/EG und 2008/120/EG des Rates und zur Aufhebung der Verordnungen (EG) Nr. 854/2004 und (EG) Nr. 882/2004 des Europäischen Parlaments und des Rates, der Richtlinien 89/608/EWG, 89/662/EWG, 90/425/EWG, 91/496/EEG, 96/23/EG, 96/93/EG und 97/78/EG des Rates und des Beschlusses 92/438/EWG des Rates" und beschreibt damit den Regelungsgegenstand der amtlichen Kontrollen.

2 Warum wurde eine neue Verordnung geschaffen?

Mit der Verordnung (EG) Nr. 882/2004 gibt es bereits eine Kontrollverordnung, jedoch nur für den Bereich der Lebensmittel. Mit dieser wurde bereits mit der Verabschiedung des Hygienepakets im Jahr 2004 ein einheitlicher Rechtsrahmen für amtliche Kontrollen geschaffen, der die Wirksamkeit der amtlichen Kontrollen deutlich verbessert hatte.

Die EU- Kontrollverordnung hat – wie der Titel (Frage 1) bereits andeutet – einen weiteren Ansatz, als die alte Verordnung.

Denn es gibt eine Reihe von Bestimmungen in den Unionsvorschriften zur Lebensmittelkette, deren Durchsetzung nicht oder nur teilweise von der Verordnung (EG) Nr. 882/2004 erfasst ist. So gibt es insbesondere besondere Bestimmungen über amtliche Kontrollen in der Verordnung (EG) Nr. 1069/2009 des Europäischen Parlaments und des Rates. Auch die

Einleitung

Pflanzengesundheit wird zum großen Teil nicht von der Verordnung (EG) Nr. 882/2004 erfasst, wobei sich einige Bestimmungen über amtliche Kontrollen in der Richtlinie 2000/29/EG des Rates finden.

Dazu soll mit der neuen EU-Kontrollverordnung der Rechtsrahmen gestrafft und vereinfacht werden. Die risikoorientierte Kontrolle soll fortgeführt und verschärft werden, indem diese den bislang vorherrschenden Gesundheitsschutz um den Aspekt des Täuschungsschutzes verstärkt. Zudem soll die Amtshilfe zwischen den Mitgliedstaaten verbessert werden.

Mit der Errichtung eines integrierten Informationsmanagement System (IMSOC) soll die elektronische Kommunikation zwischen den Behörden staatenübergreifend ermöglicht werden.

Weiter soll der Wissensaustausch zum Tierschutz und zur Echtheit und Integrität der Lebensmittelkette verbessert werden. Hierzu gehört vor allem die Bekämpfung von Food Fraud (hierzu ab Frage 73).

Zudem sollten einige Begriffsbestimmungen in der Verordnung (EG) Nr. 882/2004 angepasst werden, um dem breiteren Anwendungsbereich der vorliegenden Verordnung Rechnung zu tragen, um sie an die Begriffsbestimmungen in anderen Unionsrechtsakten anzugleichen und um Begriffe klarer zu definieren oder gegebenenfalls zu ersetzen, wenn sie in unterschiedlichen Sektoren unterschiedlich definiert sind.

VORSCHRIFT
Erwägungsgründe 16 ff., 23 VO (EU) 2017/625

3 Welche Bereiche werden von der Verordnung erfasst?

Der Anwendungsbereich der Verordnung betrifft zehn Bereiche:

- Lebensmittel und Lebensmittelsicherheit, Lauterkeit und gesundheitliche Unbedenklichkeit auf allen Stufen der Produktion, der Verarbeitung und des Vertriebs von Lebensmitteln;
- die absichtliche Freisetzung genetisch veränderter Organismen (GVO) zum Zweck der Herstellung von Lebens- und Futtermitteln in die Umwelt;

- Futtermittel und Futtermittelsicherheit auf allen Stufen der Produktion, der Verarbeitung und des Vertriebs von Futtermitteln sowie über die Verwendung von Futtermitteln, einschließlich Vorschriften zur Gewährleistung fairer Handelspraktiken und über den Schutz der Gesundheit, der Interessen und der Information der Verbraucher;
- Anforderungen im Bereich Tiergesundheit;
- Verhütung und Minimierung von Risiken für die Gesundheit von Menschen und Tieren, die sich aus tierischen Nebenprodukten und Folgeprodukten ergeben;
- Anforderungen im Bereich Tierschutz;
- Maßnahmen zum Schutz vor Pflanzenschädlingen;
- das Inverkehrbringen und die Verwendung von Pflanzenschutzmitteln, sowie über die nachhaltige Verwendung von Pestiziden, mit Ausnahme von Anwendungsgeräten für Pestizide;
- die ökologische/biologische Produktion und die Kennzeichnung von ökologischen/biologischen Erzeugnissen;
- die Verwendung der Angaben „geschützte Ursprungsbezeichnung", „geschützte geografische Angabe" und „garantiert traditionelle Spezialität" und die entsprechende Kennzeichnung der Erzeugnisse.

Zusätzlich kommt die Kontrolle der Vermarktungsnormen (Frage 4) in den Anwendungsbereich, wenn es um die Aufdeckung betrügerischer oder irreführender Praktiken geht.

VORSCHRIFT
Art. 1 Abs. 2 VO (EU) 2017/625

4 Wird durch diesen weiten Ansatz der Bereich der gemeinsamen Marktorganisation erfasst?

Auch wenn der Anwendungsbereich der EU-Kontrollverordnung erweitert wurde, so erstreckt er sich nicht auf alle Bereiche, in denen das Recht Kontrollen vorschreibt.

So ist insbesondere der Bereich der Überprüfung der Einhaltung der Vorschriften über die gemeinsame Organisation der Märkte für die landwirtschaftlichen Erzeugnisse Feldkulturen, Wein, Olivenöl, Obst und Gemüse, Hopfen, Milch und Milchprodukte, Rind und Kalbfleisch, Schaf- und Ziegenfleisch sowie Honig wird bereits mithilfe eines gut eingeführten und spezifischen Kontrollsystems überprüft. Die EU-Kontrollverordnung erstreckt sich daher nicht für die Überprüfung der Einhaltung der Verordnung (EU) Nr. 1308/2013, die die gemeinsame Marktorganisation für landwirtschaftliche Erzeugnisse betrifft.

Allerdings besteht eine Ausnahme: Soweit im Rahmen des Anwendungsbereichs dieser Verordnung jedoch Umstände auf betrügerischer oder irreführender Praktiken hindeuten, ist die EU-Kontrollverordnung anwendbar.

VORSCHRIFT
Erwägungsgrund Nr. 22 VO (EU) 2017/625

5 Welche Bereiche bleiben von der EU-Kontrollverordnung ausgenommen?

Ausgenommen bleiben neben der in Frage 4 genannten Gemeinsamen Marktorganisation der Bereich der Non-Food-Produkte (Tabak, Kosmetika, sonstige Bedarfsgegenstände, Produktsicherheit, REACH).

6 Wer ist Adressat der EU-Kontrollverordnung?

Adressat der EU-Kontrollverordnung sind in erster Linie die Mitgliedstaaten und die Kontrollbehörden. Insoweit entspricht die EU-Kontrollverordnung auch der Vorgänger-Verordnung (EG) Nr. 882/2004. Beide Verordnungen legen einheitliche Grundsätze für die Durchführung amtlicher Kontrollen entlang der Lebensmittelkette fest für die Mitgliedstaaten in der EU fest.

Es geht um amtliche Kontrollen, mit denen die Einhaltung der Vorschriften überprüft werden soll. Es wird angestrebt, einen harmonisierten Rechtsrahmen für amtliche Kontrollen und andere amtliche Tätigkeiten entlang der Lebensmittelkette zu schaffen.

Die Wirtschaftsbeteiligten sind zunächst nur indirekt von dieser Vorschrift betroffen. Dies gilt, soweit Rechte und Pflichten der Kontrollbehörden beschrieben sind, aus denen sich Pflichten und Rechte der zu kontrollierenden Unternehmen und Unternehmer ableiten.

Allerdings gibt es in Art. 15 Mitwirkungspflichten, die sich unmittelbar an die wirtschaftsbeteiligten Privaten wenden.

VORSCHRIFT
Erwägungsgrund Nr. 20, Art. 15 VO (EU) 2017/625

7 Was sind die Neuerungen mit Auswirkungen auf den Unternehmer?

Neuerungen im Vergleich zur alten Rechtslage ist der deutlich erweiterte Anwendungsbereich der Verordnung.

Es besteht eine umfassende Registrierungspflicht. Nicht nur Lebensmittel- und Futtermittelunternehmer müssen sich registrieren lassen, sondern auch für die Hersteller von Lebensmittelkontaktmaterial.

Die Bekämpfung von Food Fraud rückt in den Fokus der amtlichen Kontrollen und wirkt sich auf die Unternehmer mit der Pflicht aus, hier Vorkehrungen zu treffen. Auch Zertifizierungen wie IFS und BRC fragen hier nach Vorkehrungen zum Schutz vor Food Fraud nach.

Weiter bestehen Möglichkeiten zur Erstreckung der Lebensmittelkontrolle im Internet (Erwägungsgrund 49, Art. 36).

Hinsichtlich der Kontrolle sind die Transparenz und die Risikobasierung hervorzuheben: Kontrollen sollen den Betrieb möglichst wenig beeinträchtigen, in der Kontrollfrequenz sind Eigenkontrollmaßnahmen zu berücksichtigen und Behörden erstellen schriftliche Aufzeichnungen über jede Kontrolle und haben auch in Fällen ohne Abweichung Kontrollberichtskopie – wenn auch nur auf Antrag – auszuhändigen.

VORSCHRIFT
Art. 9 und 11 VO (EU) 2017/625

8 Was ist mit Risikobasierung gemeint?

Risikobasierung bedeutet, dass sich Häufigkeit und Intensität der Kontrolle nach dem Risiko des Produkts richten. Dabei werden nicht nur Auswirkungen auf die Sicherheit (z. B. Art des Lebensmittels: frisches tierisches Lebensmittel oder trockenes pflanzliches Lebensmittel, Räumlichkeiten der Herstellung, Absatz lokal, regional, national, global betrachtet, sondern auch der Täuschungsschutz („Food Fraud") beachtet.

VORSCHRIFT
Art. 9 VO (EU) 2017/625

9 Was bedeutet Transparenz?

Die Lebensmittelkontrolle muss in vielerlei Hinsicht transparent sein:

Einmal sind die Mitgliedstaaten gegenüber der EU rechenschaftspflichtig und müssen einen Jahresbericht vorlegen (Art. 113). Entsprechend muss auch die Kommission einen Jahresbericht über die Kontrollen in den Mitgliedstaaten vorlegen (Art. 114).

Die Lebensmittelüberwachung ist kein Selbstzweck, sondern erfolgt im Interesse der Unternehmer und der allgemeinen Öffentlichkeit (Erwägungsgrund 39). Daher ist auch zur Information dieser Kreise ein Jahresbericht zu veröffentlichen (Art. 11 Abs. 1).

Neben den Jahresberichten können die Behörden unter bestimmten Umständen auch Gastronomiebetriebe einstufen („Ampel") und diese Einstufungen veröffentlichen (Art. 11 Abs. 3).

Schließlich muss die Kontrolle auch für den Unternehmer transparent verlaufen. Er hat Anspruch auf ein dokumentiertes Kontrollverfahren, unabhängig davon, ob es von der Behörde oder einer beauftragten Stelle vorgenommen wurde (Art. 12). Ebenso hat der Unternehmer Anspruch auf eine Kopie der schriftlichen Aufzeichnungen über die Kontrolle (Art.13).

VORSCHRIFT
Erwägungsgrund 39, Art. 11 Abs. 1, Art. 12, Art. 13, Art. 113, Art. 114 VO (EU) 2017/625

10 Wie ist die EU-Kontrollverordnung gegliedert?

Die EU-Kontrollverordnung besteht aus 167 Artikeln und 5 Anhängen.

Die EU-Kontrollverordnung sieht dazu allgemeine Prinzipien in den Art. 1 bis 15 vor, die den Gegenstand, Anwendungsbereich, Begriffsbestimmungen, zuständige Behörden und allgemeine Anforderungen benennen.

Die Artikel 16 bis 27 betreffen sektorspezifische Anforderungen für den gesamten erweiterten Anwendungsbereich.

Schließlich sind in 12 Bereichen einzelne Bereiche aufgeführt:

Zum Abschluss bestehen mit den Artikeln 142 bis 167 Gemeinsame Bestimmungen über Verfahrens-, Übergangs- und Schlussbestimmungen.

Der Verordnung sind zudem 99 Erwägungsgründe vorangestellt.

11 Regelt die EU-Kontrollverordnung die amtliche Kontrolle abschließend?

Wie oben ausgeführt, sind einige Bereiche von der EU-Kontrollverordnung ausgenommen. Daneben aber sind weitere Rechtsakte vorgesehen. So enthält die EU-Kontrollverordnung insgesamt 49 Verpflichtungen und 52 Ermächtigungen an die Kommission zum Erlass von Durchführungsrechtsakten und weitere 44 Verpflichtungen und 44 Ermächtigungen sowie an die Mitgliedstaaten eine Ermächtigung zum Erlass von nationalen Vorschriften. Das System der Kontrollvorschriften ist also nicht im Aufbau.

12 Wann ist mit den Erlass der abgeleiteten Rechtsakten zu rechnen?

Die EU-Kontrollverordnung enthält Ermächtigungen für die Kommission, delegierte oder Durchführungsrechtsakte für bestimmte konkretisierende Regelungen und insbesondere sektorspezifische Vorgaben zu erlassen. Etwa die Hälfte dieser Vorschriften will die Kommission bis zum Jahr 2020 erarbeiten, neun weitere bis 2023 – allerdings gibt es für 39 der

Vorschriften gar keine Terminvorgabe. Daher wird es viele Jahre dauern, bis die EU-Kontrollverordnung auch im Detail vollständig ist.

13 Wie werden die abgeleiteten Rechtsakte erlassen?

Bei den abgeleiteten Rechtsakten ist zwischen den Durchführungsrechtsakten und den delegierten Rechtsakten unterschieden:

Durchführungsrechtsakte werden im Rahmen des Komitologieverfahrens erstellt: Arbeitsgruppen der Kommission und der Mitgliedstaaten erarbeiten Entwürfe, die im Ständigen Ausschuss für Pflanzen, Tiere, Lebensmittel und Futtermittel abgestimmt werden.

Delegierte Rechtsakte werden von der Kommission erstellt und dem Rat und Europäischen Parlament zur Stellungnahme gegeben, so dass hier auch politische Positionen eingebracht werden können. Wenn diese kein Veto einlegen, wird der Rechtsakt veröffentlicht. Die Kommission beabsichtigt, die Mitglieder der bestehenden Arbeitsgruppen als Expertengruppen bei der Erarbeitung der delegierten Rechtsakte einzubinden. Damit sollen sich auch die Mitgliedstaaten einbringen können.

HINWEIS
Lit: Riemer (Hrsg.) Handbuch Lebensmittelverpackung, Bienzle Kap. VII

14 Wann gilt die Verordnung?

Die Verordnung gilt ab dem 14.12.2019, soweit nichts anderes angegeben ist.

VORSCHRIFT
Art. 167 Abs. 1 S. 2 VO (EU) 2017/625

Gegenstand der amtlichen Kontrolltätigkeit

15 Was ist Gegenstand der Verordnung?

Ausweislich des Art. 1 wird mit dieser Verordnung:

- die Durchführung amtlicher Kontrollen und anderer amtlicher Tätigkeiten der zuständigen Behörden der Mitgliedstaaten;
- die Finanzierung der amtlichen Kontrollen;
- die Amtshilfe zwischen den Mitgliedstaaten und deren Zusammenarbeit mit dem Ziel der vorschriftsmäßigen Anwendung der in Absatz 2 genannten Vorschriften;
- die Durchführung von Kontrollen durch die Kommission in den Mitgliedstaaten und in Drittländern;
- die Festlegung von Bedingungen für Tiere und Waren, die aus Drittländern in die Union verbracht werden;
- die Einrichtung eines computergestützten Informationssystems zur Verwaltung von Informationen und Daten über die amtlichen Kontrollen;
- die Festlegung der Aufgaben der Referenzzentren und Referenzlaboratorien

geregelt.

VORSCHRIFT
Art. 1 Abs. 1 VO (EU) 2017/625

16 Was sind amtliche Tätigkeiten?

Für die Zwecke dieser Verordnung sind „amtliche Kontrollen" Tätigkeiten, die von den zuständigen Behörden oder von beauftragten Stellen oder natürlichen Personen, denen nach dieser Verordnung bestimmte Aufgaben im Zusammenhang mit amtlichen Kontrollen übertragen wurden, durchgeführt werden, um zu überprüfen, ob die Unternehmer diese Verordnung und die Vorschriften gemäß Artikel 1 Absatz 2 einhalten und die Tiere oder Waren die Anforderungen in den Vorschriften gemäß Art. 1 Abs. 2 erfüllen, auch im Hinblick auf die Ausstellung einer amtlichen Bescheinigung oder einer amtlichen Attestierung.

VORSCHRIFT
Art. 2 Abs. 1 VO (EU) 2017/625

17 Was sind andere amtliche Tätigkeiten?

Für die Zwecke dieser Verordnung sind „andere amtliche Tätigkeiten" andere Tätigkeiten als amtliche Kontrollen, die von den zuständigen Behörden oder von den beauftragten Stellen oder den natürlichen Personen, denen bestimmte andere amtliche Tätigkeiten nach dieser Verordnung und den Vorschriften gemäß Art. 1 Abs. 2 übertragen wurden, durchgeführt werden, einschließlich Tätigkeiten, die auf die Überprüfung des Vorhandenseins von Tierseuchen oder Pflanzenschädlingen, die Verhinderung oder Eindämmung der Ausbreitung von Tierseuchen oder Pflanzenschädlingen, die Tilgung dieser Tierseuchen oder Pflanzenschädlinge, die Gewährung von Zulassungen oder Genehmigungen und die Ausstellung amtlicher Bescheinigungen oder amtlicher Attestierungen abzielen.

VORSCHRIFT
Art. 2 Abs. 2 VO (EU) 2017/625

18 Müssen andere amtliche Tätigkeiten und andere amtliche Tätigkeiten von Behörden vorgenommen werden?

Nein, die Tätigkeiten können von Behörden oder beauftragten Stellen wahrgenommen werden

VORSCHRIFT
Art. 2 Abs. 1 VO (EU) 2017/625

19 Was sind die zuständigen Behörden?

Die zuständigen Behörden werden von den Mitgliedstaaten benannt und nach Art. 4 der Kommission mitgeteilt.

Es obliegt daher dem jeweiligen mitgliedsstaatlichen Staatsorganisationsrecht, welche Behörde zuständig ist. Für Deutschland ist die hier gegenständliche Kontrolltätigkeit eine Sache, die den Ländern übertragen ist, so dass für die Koordinierung auch eine zentrale Behörde zu benennen ist.

Zuständige Stellen sind nach der Definition in Art. 3 Nr. 3:

a) die zentralen Behörden eines Mitgliedstaats, die für die Durchführung amtlicher Kontrollen und anderer amtlicher Tätigkeiten nach dieser Verordnung und den Vorschriften gemäß Artikel 1 Absatz 2 verantwortlich sind;

b) alle anderen Behörden, denen diese Verantwortung übertragen wurde;

c) gegebenenfalls die entsprechenden Behörden eines Drittlandes.

VORSCHRIFT
Art. 3 Nr. 3 VO (EU) 2017/625

20 Was ist eine beauftragte Stelle?

„Beauftragte Stelle" eine separate juristische Person, der die zuständigen Behörden bestimmte Aufgaben im Rahmen der amtlichen Kontrolle oder bestimmte Aufgaben im Zusammenhang mit anderen amtlichen Tätigkeiten übertragen haben.

VORSCHRIFT
Art. 3 Nr. 5 VO (EU) 2017/625

21 Was ist eine Kontrollbehörde für ökologische/biologische Produktion?

„Kontrollbehörde für ökologische/biologische Produktion" sind spezielle beauftragte Stellen. Es handelt sich um eine öffentliche Verwaltungsorga-

Gegenstand der amtlichen Kontrolltätigkeit

nisation eines Mitgliedstaats für ökologische/biologische Produktion und die Kennzeichnung ökologischer/biologischer Produkte, der die zuständigen Behörden ihre Aufgaben in Verbindung mit der Durchführung der Verordnung (EG) Nr. 834/2007 des Rates ganz oder teilweise übertragen haben, gegebenenfalls auch die entsprechende Behörde eines Drittlandes oder die entsprechende in einem Drittland tätige Behörde.

VORSCHRIFT
Art. 3 Nr. 4 VO (EU) 2017/625

Pflichten und Anforderungen an die Lebensmittelüberwachung

22 Wer führt amtliche Kontrollen durch?

„Amtliche Kontrollen" werden von den zuständigen Behörden vorgenommen.

VORSCHRIFT
Art. 9 Abs. 1 VO (EU) 2017/625

23 Welche Behörden sind zuständig?

Die EU-Kontrollverordnung benennt nicht die verantwortlichen Behörden für die Kontrollen. Das ist nach Art. 4 Abs. 1 Aufgabe der Mitgliedstaaten. Diese haben für jeden der in Art. 1 Abs. 2 genannten Bereiche eine Behörde zu benennen und dies der Kommission mitzuteilen. Soweit mehrere Behörden für einen Bereich zuständig sein sollten, müssen die Mitgliedstaaten für deren effiziente Koordinierung und Zusammenarbeit untereinander sorgen.

In Deutschland ist die Kontrolle Sache der Länder, § 38 Abs. 1 Satz 1 LFGB. Hier obliegt die Kontrolle den unteren Verwaltungsbehörden. Das sind die Städte und Kreise.

VORSCHRIFT
Art. 4 Abs. 1 und Abs. 5, § 38 Abs. 1 LFGB

24 Welcher Organisationsqualität sind die zuständigen Behörden für die Tätigkeit der amtlichen Kontrolle?

Für die Durchführung der Tätigkeiten der „amtliche Kontrollen" muss nicht zwingend eine Behörde zuständig sein. Es kann sich auch um eine beauftragte Stelle oder eine natürliche Person handeln, denen nach dieser

Verordnung bestimmte Aufgaben im Zusammenhang mit amtlichen Kontrollen übertragen wurden.

VORSCHRIFT
Art. 2 Abs. 1 VO (EU) 2017/625

25 Welche Anforderungen müssen die zuständigen Behörden erfüllen?

Die zuständigen Behörden müssen gewährleisten, dass die amtlichen Kontrollen und anderen amtlichen Tätigkeiten wirksam und angemessen erfolgen. Dazu gehört, dass die Unparteilichkeit, Qualität und Einheitlichkeit auf allen Ebenen gewährleistet ist, einschließlich der Interessenkonfliktfreiheit des Personals. Ferner müssen genügend qualifizierte und erfahrene personelle Kapazitäten sowie ausreichende Laborkapazitäten vorhanden sein.

Für die Durchführung der Aufgaben sind weiter entsprechende sachliche Einrichtungen und Ausrüstungen vorzuhalten. Daneben ist es notwendig, dass die nationalen Rechtsordnungen den Behörden die entsprechenden Befugnisse und Kompetenzen einräumen und rechtliche Verfahren auch die in der Verordnung vorgesehenen Rechte der Lebensmittelunternehmer eingehalten werden können.

Die entsprechenden Vorgaben finden sich in Deutschland bereits im LFGB wiedergegeben.

VORSCHRIFT
Art. 5 Abs. 1 § 42 LFGB

26 Welche Anforderungen werden an das Personal gestellt?

Das Personal muss unabhängig und frei von Interessenkonflikten sein. Es muss qualifiziert ausgebildet sein und geschult sein, um fachkundig und konsistent die übertragenen Aufgaben wahrnehmen zu können.

Dazu gehört auch die Pflicht zur laufenden Fortbildung und bei Bedarf regelmäßig einer Nachschulung.

VORSCHRIFT
Art. 5 Abs. 4 § 42 LFGB, Verordnung über die fachlichen Anforderungen gemäß § 42 Abs. 1 Satz 2 Nr. 3 Buchstabe b des Lebensmittel- und Futtermittelgesetzbuches an die in der Überwachung tätigen Lebensmittelkontrolleure

27 Wie hat die Lebensmittelüberwachung zu erfolgen?

Die Lebensmittelüberwachung sollen risikoorientiert und in angemessener Häufigkeit erfolgen. Dabei sollte auch möglichen Verstößen gegen Unionsvorschriften zur Lebensmittelkette aufgrund betrügerischer oder irreführender Praktiken Rechnung getragen werden.

Damit die Kontrollen wirksam sind, sollten sie ohne Vorankündigung durchgeführt werden. Das Personal muss unabhängig sein.

Auf allen Ebenen soll die Lebensmittelüberwachung darüber hinaus einheitlich erfolgen. Dies betrifft nicht nur einen einheitlichen Vollzug innerhalb eines Mitgliedstaats, der bereits innerhalb der Bundesrepublik Deutschland mit über 400 Landkreisen und kreisfreien Städten, die als untere Verwaltungsbehörden für die Lebensmittelüberwachung zuständig sind (hier soll die AVV RÜb Leitlinien für einen einheitlichen Vollzug geben).

Einheitlich soll der Vollzug auch nach außen hin durch die Mitgliedstaaten im Fall von Importen erfolgen.

VORSCHRIFT
Erwägungsgrund 32, 33, 35, Art. 9, AVV RÜb

28 In wessen Interesse erfolgt die Lebensmittelüberwachung?

Die Lebensmittelüberwachung erfolgt im Interesse der Unternehmer und der allgemeinen Öffentlichkeit. Dies betrifft sowohl das Ziel des Gesundheitsschutzes als auch das Ziel des Schutzes vor Täuschung (vgl. „Food Fraud").

Um diese Ziele zu erreichen, ist das in den Unionsvorschriften zur Lebensmittelkette festgelegte hohe Schutzniveau mit geeigneten Durchsetzungsmaßnahmen konsequent zu halten.

VORSCHRIFT
Erwägungsgrund 39 VO (EU) 2017/625

29 Gibt es ein Amtsgeheimnis?

Art. 8 regelt die Pflicht zur Verschwiegenheit. Diese gilt für Informationen, die bei der Wahrnehmung von Aufgaben im Zusammenhang mit amtlichen Kontrollen und anderen amtlichen Tätigkeiten erworben werden und die nach nationalen oder Unionsvorschriften ihrer Art nach der beruflichen Geheimhaltungspflicht unterliegen, soweit es keine Ausnahme nach Art. 8 Abs. 3 gibt. Diese Verschwiegenheitspflicht ist in Abs. 2 auch auf Kontrollbehörden für ökologische/biologische Produktion, beauftragte Stellen, natürliche Personen, denen bestimmte Aufgaben der amtlichen Kontrolle übertragen wurden, sowie für amtliche Laboratorien ausgedehnt.

VORSCHRIFT
Art. 8 Abs. 1 und 2 VO (EU) 2017/625

30 In welchen Fällen darf die Verschwiegenheit durchbrochen werden?

Art. 8 Abs. 3 sofern kein übergeordnetes öffentliches Interesse an der Verbreitung von Informationen, die der beruflichen Geheimhaltungspflicht gemäß Absatz 1 unterliegen, besteht und unbeschadet der Fälle, in denen die Verbreitung nach Unions- oder nationalem Recht erforderlich ist, umfassen solche Informationen auch Informationen, deren Verbreitung Folgendes unterlaufen würde:

- den Zweck von Inspektionen, Untersuchungen oder Audits;

- den Schutz der geschäftlichen Interessen eines Unternehmers oder einer anderen natürlichen oder juristischen Person oder den Schutz von Gerichtsverfahren und der Rechtsberatung.

VORSCHRIFT
Art. 8 Abs. 3 VO (EU) 2017/625

31 Wie verhält sich die Verschwiegenheitspflicht im Verhältnis zu Art. 10 Basis-VO und zum VIG?

Die Verschwiegenheitspflichten nach Art. 8 gilt nicht unbegrenzt. So anerkennt Art. 8 Abs. 5, dass unionsrechtliche aber auch nationale Rechtsquellen das Amtsgeheimnis wirksam einschränken.

Daneben sind die zuständigen Behörden nicht daran gehindert, Informationen über das Ergebnis amtlicher Kontrollen, die einzelne Unternehmer betreffen, zu veröffentlichen oder der Öffentlichkeit auf anderem Weg zugänglich zu machen, wenn der betreffende Unternehmer Gelegenheit hatte, sich vor der Veröffentlichung oder Freigabe zu den Informationen zu äußern und die veröffentlichten oder der Öffentlichkeit auf anderem Weg zugänglich gemachten Informationen die Bemerkungen des betroffenen Unternehmers berücksichtigen oder mit diesen zusammen veröffentlicht oder freigegeben werden.

VORSCHRIFT
Art. 8 Abs. 5, EuGH, Urt. v. 11.4.2013, Rs. Berger, C-636/11.

32 Welche Aufgaben können an beauftragte Stellen übertragen werden?

Erwägungsgrund 46 bestimmt, dass die zuständigen Behörden die Möglichkeit haben, einen Teil ihrer Aufgaben anderen Stellen zu übertragen. Detailliert befasst sich die EU-Kontrollverordnung mit der Übertragung von Aufgaben an Biokontrollstellen, die auch gesondert in Art. 3 Nr. 4 genannt sind und deren Anforderungen in Art. 5 benannt sind.

VORSCHRIFT
Erwägungsgrund 46, Art. 3 Nr. 4, Art. 5 VO (EU) 2017/625

33 Welche Anforderungen müssen beauftragte Stellen erfüllen?

Beauftragte Stellen müssen geeignete Bedingungen erfüllen, um die Unparteilichkeit, die Qualität und die Einheitlichkeit der amtlichen Kontrollen und der anderen amtlichen Tätigkeiten zu gewährleisten. Insbesondere sollten die beauftragten Stellen nach der Norm der Internationalen Organisation für Normung (ISO) für die Durchführung von Inspektionen akkreditiert sein.

VORSCHRIFT
Erwägungsgrund 46 VO (EU) 2017/625

Risikoorientierte Kontrolle

34 Wie hat die Lebensmittelüberwachung zu erfolgen?

Die Lebensmittelüberwachung hat risikoorientiert und mit angemessener Häufigkeit zu erfolgen. Dabei hat die Kontrolle in aller Regel ohne Vorankündigung zu erfolgen, es sei denn, eine Vorankündigung ist hinreichend begründet und notwendig, damit die amtliche Kontrolle durchgeführt werden kann.

VORSCHRIFT
Art. 9 Abs. 1, Abs. 4 VO (EU) 2017/625

PRAXISHINWEIS
Missstände, wie Hygienemängel, werden in aller Regel nur bei unangemeldeten Kontrollen festgestellt. Geht es hingegen um die Überprüfung von Dokumenten, so kann eine entsprechende Mitteilung zuvor sinnvoll sein. Dann kann das Zusammensuchen der Unterlagen vorbereitet sein, ohne dass der Unternehmer und die Behörde warten müssen, wie es bei einem unangekündigten Besuch der Fall gewesen wäre – vorausgesetzt, dass die Gefahr der Manipulation der Unterlagen gering ist.

35 Was bedeutet „Risiko"?

Nach der Verordnung (EG) Nr. 178/2002 ist Risiko eine Funktion der Wahrscheinlichkeit einer die Gesundheit beeinträchtigenden Wirkung und der Schwere dieser Wirkung als Folge der Realisierung einer Gefahr. Die Definition in der EU-Kontrollverordnung in Art. 3 Nr. 24 ist abweichend ein Produkt aus der Wahrscheinlichkeit des Eintretens einer die Gesundheit von Menschen, Tieren oder Pflanzen, den Tierschutz oder die Umwelt beeinträchtigenden Wirkung und der Schwere dieser Wirkung als Folge einer Gefahr.

VORSCHRIFT
Art. 3 Nr. 24, Art. 3 Nr. 9 Verordnung (EG) Nr. 178/2002

36 Was bedeutet „Risikoorientierung"?

Risikoorientierung bedeutet, dass die festgestellten Risiken in Verbindung mit

- Tieren und Waren,
- den Tätigkeiten unter der Kontrolle der Unternehmer,
- dem Ort, an dem die von den Unternehmern zu verantwortenden Tätigkeiten oder Vorgänge stattfinden,
- der Verwendung von Produkten, Prozessen, Materialien oder Stoffen, die Auswirkungen auf die Sicherheit, Lauterkeit und gesundheitliche Unbedenklichkeit von Lebensmitteln oder die Futtermittelsicherheit, die Tiergesundheit oder den Tierschutz und die Pflanzengesundheit haben oder die – im Falle von GVO und Pflanzenschutzmitteln – auch umweltschädlich sein können

berücksichtigt werden.

Es geht also um Produkte, Prozesse und Tätigkeiten des Lebensmittelunternehmers.

Entsprechend wird bereits heute anhand eines Risikorasters das Kontrollintervall nach § 6 AVV RÜb iVm Anlage 1, 1a und 1b festgelegt.

Zusätzlich werden die Ergebnisse früherer amtlicher Kontrollen bei den Unternehmern und die Einhaltung der Vorschriften gemäß Art.1 Abs. 2 durch die Unternehmer und Informationen, die auf einen Verstoß gegen die Vorschriften gemäß Art.1 Abs. 2 hindeuten könnten, berücksichtigt. Das bedeutet, dass die Zuverlässigkeit des Unternehmers die Kontrollhäufigkeit verringern kann.

VORSCHRIFT
Art. 9 Abs. 1 Buchstaben a, c, e, § 6 AVV Rüb iVm Anlage 1, 1a, 1b

37 Wie fließt die Kontrolle von Food Fraud ein?

Die zuständigen Behörden haben auch die Gefahren des Food Fraud zu berücksichtigen. Dazu sind auch amtliche Kontrollen zur Verhinderung von betrügerischen oder irreführenden Praktiken vorsätzlich begangene Verstöße gegen die Vorschriften gemäß Art.1 Abs. 2 aufzudecken, und sie berücksichtigen dabei die über die Amtshilfemechanismen gemäß den Artikeln 102 bis 108 ausgetauschten Informationen über derartige Verstöße und alle anderen Informationen, die auf solche Verstöße hindeuten.

Relevant für die Betrachtung von Food Fraud sind vor allem solche Informationen, die Verbraucher in Bezug auf die Art, Identität, Eigenschaften, Zusammensetzung, Menge, Haltbarkeit, Ursprungsland oder Herkunftsort und Methode der Herstellung oder Erzeugung des Lebensmittels irreführen können

VORSCHRIFT
Art. 9 Abs. 1 Buchstabe b, Art. 9 Abs. 2 VO (EU) 2017/625

38 Können für die Kontrollhäufigkeit auch die Eigenkontrollen der Lebensmittelunternehmer berücksichtigt werden?

Im Rahmen der risikobasierten Kontrolle haben die Behörden auch Verlässlichkeit und die Ergebnisse der Eigenkontrollen zu berücksichtigen.

Das schließt Kontrollen ein, die von den Unternehmern oder in deren Auftrag von Dritten durchgeführt wurden. Auch Zertifizierungen wie IFS oder BRC als private Qualitätssicherungsmechanismen sind geeignete Maßnahmen, die die Einhaltung der Vorschriften gemäß Art. 1 Abs. 2 gewährleisten.

Die Vorschrift ist keine „kann"-Vorschrift, die es in das pflichtgemäße Ermessen der Behörden stellen würde, ob Eigenkontrollmaßnahmen zu berücksichtigen sind. Vielmehr sind die vorgenannten Maßnahmen zu berücksichtigen.

Damit unterscheidet sich diese Regelung von § 7 Abs. 5 AVV RÜb, wonach lediglich seitens der Behörde zu überprüfen ist, ob bei Betrieben, die Leitlinien für eine gute Verfahrenspraxis nach Artikel 8 oder 9 der Verordnung (EG) Nr. 852/2004, nach Artikel 30 der Verordnung (EG) Nr. 1069/2009 oder nach Artikel 21 oder 22 der Verordnung (EG) Nr. 183/2005 oder andere, nach vergleichbaren Kriterien erarbeitete branchenspezifische Leitlinien angewendet werden, diese Leitlinien im Rahmen der betrieblichen Eigenkontrolle berücksichtigt werden.

VORSCHRIFT
Art. 9 Abs. 1 Buchstabe d, § 7 Abs. 5 AVV RÜb

Gegenstand und Durchführung der amtlichen Kontrolle, Transparenz und Dokumentation

39 Welche Prinzipien liegen der amtlichen Kontrolle zugrunde?

Lebensmittelkontrollen sollen bei allen Lebensmittelunternehmern stattfinden und zwar regelmäßig risikoorientiert. Das schließt jedoch anlassbezogene Kontrollen nicht aus. Es ist für das Ob der Kontrolle unerheblich, ob es sich um einen Hersteller oder einen Händler handelt, ob die Tätigkeit lokal, regional oder überregional bzw. international erfolgt. Diese Umstände haben allenfalls Auswirkung auf die Kontrollfrequenz.

Die Kontrollen sollen mit angemessener Häufigkeit und angemessenen zeitlichen Abständen stattfinden. Hier kommt es auf die Art des Lebensmittels (z. B. frisches tierisches Erzeugnis oder trockenes pflanzliches Erzeugnis) und das damit verbundene Risiko hinsichtlich gesundheitlicher Aspekte, aber auch der räumlichen Reichweite der betreffenden Lebensmittel (lokaler, regionaler, nationaler, internationaler Absatz) an.

Lebensmittelkontrollen sollen effektiv sein, das bedeutet, dass sie nicht angekündigt sein sollen. Allerdings kann es Sinn machen, im Einzelfall eine Kontrolle auch anzukündigen, um den Betriebsablauf nicht zu stören (Bsp.: Kontrolle der Rückverfolgbarkeit).

VORSCHRIFT
Art. 9 VO (EU) 2017/625

40 Was ist Gegenstand der amtlichen Kontrolle?

Gegenstand der Kontrollen sind Tieren und Waren auf allen Produktions-, Verarbeitungs-, Vertriebs- und Verwendungsstufen.

Ebenso erfolgt die Kontrolle von Stoffen, Materialien oder anderen Gegenständen, die Auswirkungen auf die Merkmale oder die Gesundheit von Tieren und auf die Merkmale von Waren haben können, und Überprüfung der Einhaltung der Anforderungen auf allen Produktions-, Verarbeitungs-, Vertriebs- und Verwendungsstufen.

Schließlich erfolgen Kontrollen von Unternehmern in Bezug auf Tätigkeiten, einschließlich der Tierhaltung, Ausrüstung, Transportmittel, Betriebsgelände und andere Orte unter ihrer Verantwortung sowie ihre Umgebung und die diesbezüglichen Unterlagen.

VORSCHRIFT
Art. 10 Abs. 1 VO (EU) 2017/625

4 1   Wie werden amtliche Kontrollen durchgeführt?

Amtliche Kontrollen werden nach dokumentierten Verfahren durchgeführt. Damit wird die Gleichmäßigkeit der Kontrolle gewährleistet.

Diese Verfahren decken die Prüffelder für Kontrollverfahren ab, die in Anhang II Kapitel II aufgeführt sind, und umfassen Anweisungen für das Personal, das die amtlichen Kontrollen durchführt.

Dazu sind dort aufgeführt:

Prüffelder für Kontrollverfahren

(1) Aufbau der zuständigen Behörden und Beziehung zwischen den zentralen zuständigen Behörden und den Behörden, die von diesen mit der Durchführung amtlicher Kontrollen oder anderer amtlicher Tätigkeiten betraut wurden.

(2) Beziehung zwischen den zuständigen Behörden und den beauftragten Stellen oder den natürlichen Personen, die die zuständigen Behörden mit Aufgaben im Zusammenhang mit amtlichen Kontrollen oder anderen amtlichen Tätigkeiten beauftragt haben.

(3) Beschreibung der zu erreichenden Ziele.

(4) Aufgaben, Zuständigkeiten und Pflichten des Personals.

(5) Probenahmeverfahren, Kontrollmethoden und -techniken einschließlich Laboranalysen, -tests und -diagnosen, Auswertung der Ergebnisse und sich daraus ergebende Entscheidungen.

(6) Programme für Screenings und gezielte Screenings.

(7) Amtshilfe für den Fall, dass die amtlichen Kontrollen ein Tätigwerden mehrerer Mitgliedstaaten erfordern.

(8) Folgemaßnahmen nach amtlichen Kontrollen.

(9) Zusammenarbeit mit anderen möglicherweise ebenfalls zuständigen Dienststellen oder Abteilungen oder mit Unternehmern.

(10) Überprüfung der Eignung von Methoden für Probenahmen sowie für Laboranalysen, -tests und -diagnosen.

(11) Jede sonstige Tätigkeit oder Information, die zur effizienten Durchführung der amtlichen Kontrollen erforderlich ist.

VORSCHRIFT
Art. 12 Abs. 1 VO (EU) 2017/625

42 Müssen die Kontrollen unangekündigt verlaufen?

Um Manipulationen vorzubeugen, müssen die Kontrollen unangekündigt sein. Soweit aber die Wirksamkeit der Kontrollen nicht beeinträchtigt ist, sind Kontrollen möglichst so durchzuführen, dass der administrative Aufwand und die Beeinträchtigung der Betriebsabläufe für die Unternehmer auf das notwendige Mindestmaß reduziert werden. So ist beispielsweise bei Dokumentationsprüfungen zur Rückverfolgbarkeit kein Überraschungsmoment notwendig.

VORSCHRIFT
Art. 9 Abs. 5 VO (EU) 2017/625

43 Kann ein Unternehmen eine Kontrolle verlangen?

Ein Unternehmen kann einen Antrag auf Kontrolle stellen. Es obliegt dem Ermessen der Behörde, ob die Kontrolle mit oder ohne Ankündigung erfolgt.

VORSCHRIFT
Art. 9 Abs. 4 VO (EU) 2017/625

44 Ist die Lebensmittelüberwachung zu dokumentieren?

Die zuständigen Behörden (sowie beauftragten Stellen und Kontrollbehörden für ökologische/biologische Produktion und für natürliche Personen, denen bestimmte Aufgaben im Zusammenhang mit amtlichen Kontrollen übertragen wurden) erstellen schriftliche Aufzeichnungen über jede von ihnen durchgeführte amtliche Kontrolle. Diese Aufzeichnungen können in Papierform oder elektronischer Form erfolgen.

VORSCHRIFT
Art. 13 Abs. 1, Abs. 4 VO (EU) 2017/625

45 Was ist Inhalt der Dokumentation?

Diese schriftlichen Aufzeichnungen enthalten eine Beschreibung des Zwecks der amtlichen Kontrollen, die angewandten Kontrollmethoden, die Ergebnisse der amtlichen Kontrollen und gegebenenfalls die Maßnahmen, die die zuständigen Behörden als Folge ihrer amtlichen Kontrolle von dem betroffenen Unternehmer verlangen.

VORSCHRIFT
Art. 13 Abs. 1 Satz 2 VO (EU) 2017/625

46 Besteht ein Anspruch des Lebensmittelunternehmers auf Unterrichtung über den Inhalt der Aufzeichnungen?

Soweit ein Verstoß festgestellt wird, muss der Lebensmittelunternehmer umgehend in schriftlicher Form über etwaige bei den amtlichen Kontrollen festgestellte Verstöße informiert werden.

Wurden keine Verstöße festgestellt, so wird den Unternehmern auf Antrag eine Kopie der Dokumentation zur Verfügung gestellt.

VORSCHRIFT
Art. 13 Abs. 2 VO (EU) 2017/625

47 Was bedeutet „umgehend"?

„Umgehend" ist im Zusammenhang als „unverzüglich" auszulegen, also ohne schuldhaftes Zögern.

VORSCHRIFT
Art. 13 Abs. 2 VO (EU) 2017/625

PRAXISHINWEIS
Bei der (amtlichen) Kontrolle ist der Lebensmittelunternehmer bzw. sein Vertreter zugegen (vgl. § 44 Abs. 1 LFGB). Das Vorhandensein von Verstößen wird ihm in aller Regel im Zuge der Kontrolle mitgeteilt werden. Es ist am Ende des Kontrollbesuchs in solchen Fällen zu empfehlen, beim Abschlussgespräch unmittelbar nach der Kontrolle noch am Ort der Kontrolle die Ergebnisse festzuhalten und eine Durchschrift der handschriftlichen Aufzeichnungen bzw. einen Ausdruck zu erhalten. Mitunter ist zu beobachten, dass Protokolle erst bis zu vier Wochen nach der Kontrolle trotz Beanstandungen dem Unternehmer zur Verfügung gestellt werden. Hier ist eine Reaktion über die Feststellungen so spät nicht möglich.

Daher empfiehlt es sich, aus Gründen der Rechtssicherheit umgehend, also noch am Ort der Kontrolle eine Zusammenfassung zu verlangen, insbesondere dann, wenn Beanstandungen ausgesprochen wurden.

48 Warum ist die schriftliche Dokumentation notwendig?

Die schriftliche Dokumentation dient der Rechtssicherheit. Für die Behörden können Verstöße leichter verfolgt werden, weil eine Dokumentation besteht. Aber auch der Unternehmer hat einen Vorteil: Ihm fällt es leichter anhand der konkreten Beschreibung Korrekturmaßnahmen vorzunehmen.

VORSCHRIFT
Art. 13 Erwägungsgrund 41 VO (EU) 2017/625

49 Was bedeutet die Reduzierung der Beeinträchtigung der Betriebsabläufe auf ein Mindestmaß bei der Kontrolle?

Im Vordergrund steht die Wirksamkeit der Kontrolle. Insbesondere zur Aufdeckung von Hygienemängeln ist daher das Überraschungsmoment notwendig, eine Kontrolle erfolgt hier daher regelmäßig unangekündigt.

Daher soll die Kontrolle „nach Möglichkeit" die Produktionsabläufe des Betriebs nicht unnötig einschränken.

Diese Vorgabe ist Ausfluss des Verhältnismäßigkeitsgrundsatzes und dient der Wahrung der Rechte des Lebensmittelunternehmers. Die Kontrollbehörden sind insoweit gebunden, sie müssen diese Vorgabe beachten, ein freies Ermessen kommt ihnen insoweit nicht zu.

VORSCHRIFT
Art. 13, Erwägungsgrund 41 VO (EU) 2017/625

50 Mit welchen Methoden und Techniken erfolgt die Kontrolle?

Methoden und Techniken sind in Art. 14 zusammengefasst und entsprechen den Vorgaben des LFGB.

Inhaltlich erfolgt

- eine Untersuchung der von den Unternehmern eingeführten Kontrollen und der erzielten Ergebnisse;
- die Inspektion der Ausrüstung, der Transportmittel, des Betriebsgeländes und der anderen Orte unter ihrer Verantwortung sowie ihrer Umgebung;
- der Tiere und Waren, einschließlich Halbfertigwaren, Ausgangsstoffe, Zutaten, Verarbeitungshilfsstoffe und anderen Produkte, die für die Zubereitung und Herstellung von Waren oder zur Fütterung oder Behandlung von Tieren verwendet werden;
- der Reinigungs- und Pflegemittel und -verfahren;

- der Rückverfolgbarkeit, der Kennzeichnung, der Aufmachung, der Werbung sowie des einschlägigen Verpackungsmaterials, einschließlich Materialien, die dazu bestimmt sind, mit Lebensmitteln in Berührung zu kommen (Lebensmittelkontaktmaterialien);
- Hygienekontrollen auf dem Betriebsgelände der Unternehmer;
- die Bewertung der Verfahren im Rahmen der guten Herstellungspraxis, der guten Hygienepraxis, der guten landwirtschaftlichen Praxis sowie der auf den Grundsätzen der Gefahrenanalyse und Bestimmung kritischer Kontrollpunkte (hazard analysis critical control points – HACCP) beruhenden Verfahren;
- die Prüfung von Dokumenten, Aufzeichnungen zur Rückverfolgbarkeit und anderen Aufzeichnungen, die möglicherweise wichtig sind, um die Einhaltung der Vorschriften gemäß Artikel 1 Absatz 2 zu bewerten, gegebenenfalls einschließlich der Begleitdokumente von Lebens- und Futtermitteln sowie aller ein- und ausgehenden Stoffe oder Materialien;
- Gespräche mit den Unternehmern und ihrem Personal;
- die Überprüfung der vom Unternehmer vorgenommenen Messungen sowie anderer Testergebnisse;
- Probenahme, Analyse, Diagnose und Tests;
- Audits der Unternehmer;
- alle anderen Tätigkeiten, die zur Feststellung von Verstößen erforderlich sind.

VORSCHRIFT
Art. 14 VO (EU) 2017/625

51 Können amtliche Untersuchungen auch von privaten Laboren vorgenommen werden?

Grundsätzlich besteht die Möglichkeit auch für private (Handels-)Labore, dass sie als beauftragte Stellen Untersuchungen für den Staat vornehmen. Eine Tätigkeit sowohl für Unternehmen wie für den Staat birgt jedoch potentiell die Gefahr von Interessenskonflikten.

Rechte und Pflichten der Unternehmer

52 Wer ist von der EU-Kontrollverordnung betroffen?

Art. 2 Abs. 1 Buchstabe a der Verordnung benennt als Subjekt der amtlichen Kontrollen die „Unternehmer". Der Begriff der Unternehmer ist in Art. 3 Nr. 29 geregelt, Dort ist bestimmt, dass „Unternehmer" alle diejenigen natürlichen oder juristischen Personen sind, für die eine oder mehrere Pflichten nach den Vorschriften gemäß Artikel 1 Absatz 2 gelten.

VORSCHRIFT
Art. 3 Nr. 29 VO (EU) 2017/625

53 Welche Pflichten hat der Lebensmittelunternehmer?

Die Unternehmer müssen mit den zuständigen Behörden, beauftragten Stellen oder natürlichen Personen, denen bestimmte Aufgaben übertragen wurden, uneingeschränkt zusammenarbeiten, damit die amtlichen Kontrollen reibungslos verlaufen und die zuständigen Behörden andere amtliche Tätigkeiten wahrnehmen können.

Das betrifft nicht nur die „klassische Lebensmittelkontrolle", sondern auch die Kontrolltätigkeit der Bio-Kontrollstellen.

Die Unternehmer, die für eine in die Union verbrachte Sendung verantwortlich sind, sollten alle verfügbaren Informationen über diese Sendung zur Verfügung stellen.

Im Detail sind die Pflichten in Art. 15 zusammengefasst und entsprechen den bisher bekannten Anforderungen nach § 44 LFGB und umfassen die Ermöglichung des Zugangs zum Betriebsgelände zu Räumen, Geräten, Transportmitteln, zu computergestützten Informationssystemen, Dokumenten und anderen sachdienlichen Informationen, die Unterstützung des Kontrollpersonals; Zusammenarbeit mit Kontrollpersonal („aktives Handeln") sowie verschiedene Auskunftspflichten.

VORSCHRIFT
Art. 15 VO (EU) 2017/625

Rechte und Pflichten der Unternehmer

PRAXISHINWEIS

Der Anforderungskatalog klingt umfassend, war aber bereits zuvor schon durch das LFGB von den Unternehmern eingefordert worden. Da das LFGB auch den Futtermittelbetrieb und Bedarfsgegenstände allgemein betrifft, bestehen hier keine Änderungen.

54 Was besagt die Registrierungspflicht?

Kontrollen können nur bei den (Lebensmittel-)Unternehmern stattfinden, die den Behörden bekannt sind.

Daher besteht für den (Lebensmittel-)Unternehmer eine Registrierungspflicht, die über die Gewerberegisteranmeldung hinausgeht, wenn auch auf das Gewerberegister ergänzend zurückgegriffen werden kann.

Mit der Registrierungspflicht korrespondiert die Pflicht der zuständigen Behörden, ein Verzeichnis von Unternehmen, die der EU-Kontroll-Verordnung unterliegen, zu erstellen und auch laufend zu aktualisieren.

Dies wiederum bedingt, dass die Unternehmen Veränderungen ihrer Daten mitteilen.

Der Umfang der mitzuteilenden Daten ist in Art. 15 Abs. 5 nicht festgelegt. Allerdings erklärt der Erwägungsgrund Nr. 42, dass die Unternehmer wenigstens die Informationen zur Verfügung stellen, die zu ihrer Identifizierung, zur Identifizierung ihrer Tätigkeiten und der Unternehmer, die sie beliefern und von denen sie beliefert werden, erforderlich sind.

VORSCHRIFT

Art. 10 Abs. 2, Art. 15 Abs. 5, Erwägungsgrund 42 Satz 2; Art. 31 Verordnung (EG) Nr. 882/2004

55 Was ist Inhalt der Registrierungspflicht?

Die Unternehmer stellen den Behörden zumindest aktuelle Angaben über ihren Namen, ihre Rechtsform und ihre spezielle Tätigkeit zur Verfügung, dazu gehören auch Tätigkeiten wie der Fernabsatz oder die Lagerung.

VORSCHRIFT
Art. 10 Abs. 2, Art. 15 Abs. 5 VO (EU) 2017/625

56 Welche Unternehmen betrifft Registrierungspflicht?

Anders als früher, betrifft die Registrierungspflicht nicht nur Lebensmittel- und Futtermittelbetriebe, sondern auch Hersteller von Lebensmittelbedarfsgegenständen.

VORSCHRIFT
Art. 10 Abs. 1 b) VO (EU) 2017/625

57 Gibt es Rechtschutz?

Die Unternehmer sollten vorbehaltlich des nationalen Rechts das Recht haben, gegen die Entscheidungen der zuständigen Behörden Rechtsbehelfe einzulegen. Die zuständigen Behörden informieren die Unternehmer über dieses Recht.

VORSCHRIFT
Erwägungsgrund 30, Art. 7, § 42 VwGO

58 Gibt es Geheimhaltungsplichten?

Grundsätzlich besteht eine Geheimhaltungspflicht. Danach kommt den zuständigen Behörden die Aufgabe zu, dass grundsätzlich keine Informationen an Dritte weitergegeben werden, die bei der Wahrnehmung von Aufgaben im Zusammenhang mit amtlichen Kontrollen und anderen amtlichen Tätigkeiten erworben werden und die nach nationalen oder Unionsvorschriften ihrer Art nach der beruflichen Geheimhaltungspflicht unterliegen. Daher müssen die Mitgliedstaaten dafür sorgen, dass geeignete Verschwiegenheitspflichten für das Personal und andere Personen gelten, die im Rahmen von amtlichen Kontrollen und anderen amtlichen Tätigkeiten beschäftigt werden.

VORSCHRIFT
Art. 8 Abs. 1, Erwägungsgrund 31 VO (EU) 2017/625

59 Was unterliegt der Geheimhaltungsplicht?

Der Geheimhaltungspflicht unterliegen alle im Zusammenhang mit amtlichen Kontrollen und anderen amtlichen Tätigkeiten erworben Wahrnehmungen. Das betrifft persönliche Daten der Beschäftigten einschließlich der Führung des Unternehmens, Informationen, deren Verbreitung den Zweck von Inspektionen, Untersuchungen oder Audits unterlaufen würde, alle Informationen, die zum Schutzbereich der geschäftlichen Interessen eines Unternehmers oder einer anderen natürlichen oder juristischen Person gehören und alle Informationen, die dem Schutz von Gerichtsverfahren und der Rechtsberatung dienen. Erfasst sind nicht nur Informationen, die die Behörde für eigene (künftige) Zwecke erfährt, sondern auch alle Informationen, die die Sphäre des Unternehmens betreffen.

VORSCHRIFT
Art. 8, Erwägungsgrund 31 VO (EU) 2017/625

60 Wann kann die Geheimhaltungsplicht durchbrochen werden?

Allenfalls „übergeordnete öffentliche Interessen an der Verbreitung" und Fälle in denen die Verbreitung nach Unions- oder nationalem Recht erforderlich ist, erlauben die Veröffentlichung von Informationen.

Bei der Entscheidung, ob ein übergeordnetes öffentliches Interesse an der Verbreitung der Informationen besteht, berücksichtigen die zuständigen Behörden unter anderem mögliche Risiken für die Gesundheit von Menschen, Tieren oder Pflanzen oder für die Umwelt und die Art, die Schwere und das Ausmaß dieser Risiken.

VORSCHRIFT
Art. 8 Abs. 3 und 4, Erwägungsgrund 31 VO (EU) 2017/625

61 Welche Rechte hat der Unternehmer vor der Veröffentlichung?

Dem betreffenden Unternehmer muss Gelegenheit gegeben werden, sich vor der Veröffentlichung oder Freigabe zu den Informationen zu äußern. Dabei ist der Dringlichkeit der Lage Rechnung zu tragen. Zusätzlich sind mit der veröffentlichten oder der Öffentlichkeit auf anderem Weg zugänglich gemachten Informationen die Bemerkungen des betroffenen Unternehmers zu berücksichtigen oder mit diesen zusammen zu veröffentlichen oder freizugeben.

VORSCHRIFT
Art. 8 Abs. 5, Erwägungsgrund 31 VO (EU) 2017/625

62 Besteht Anspruch auf die Berücksichtigung von Eigenkontrollen und Ergebnissen privater Zertifizierungsstandards bei der Bemessung der Kontrollfrequenz?

Die Verordnung anerkennt, dass Eigenkontrollergebnisse, ggf. einschließlich privater Qualitätssicherungsmechanismen, die Verlässlichkeit des Unternehmers belegen. Diese sollen sich positiv auf Kontrollfrequenz auswirken. Daher ist die Einhaltung von Zertifizierungsstandards für die Kontrollfrequenz mit Geltung der Verordnung zu beachten, im Unterschied zur Rechtslage bis zum Dezember 2019 können die Behörden nach pflichtgemäßem Ermessen diese Maßnahmen berücksichtigen.

VORSCHRIFT
Art. 9, § 7 Abs. 5 AVV RÜb

63 Wie ist das Recht auf Gegenprobe geregelt?

Nach Art. 11 Abs. 5 und 6 Verordnung (EG) Nr. 882/2004 hatten die Behörden sicherzustellen, dass Unternehmer eine ausreichende Anzahl von Proben für ein zusätzliches Gegengutachten erhalten können.

Nunmehr formuliert Art. 35, das die zuständigen Behörden gewährleisten, dass Unternehmer das Recht haben, auf eigene Kosten ein zweites Sachverständigengutachten einzuholen.

Die Gegenprobe ist nunmehr als „zweites Sachverständigengutachten" neu definiert. Damit ist Art. 35 deutlicher als zuvor Art. 11 der Verordnung (EG) Nr. 882/2004 gefasst.

Dazu verlangt Art. 35 Abs. 2 der EU-Kontrollverordnung, dass soweit relevant, angemessen und technisch möglich auf Ersuchen des Unternehmers von den Behörden dafür Sorge zu tragen ist, dass eine ausreichende Menge für ein zweites Sachverständigengutachten entnommen wird.

Diese Einschränkung klingt sehr umfangreich und muss im Sinne des in Absatz 1 genannten Rechts auf ein Sachverständigengutachten dahin ausgelegt werden, dass die Erhebung von Gegenproben der Regelfall ist.

VORSCHRIFT
Art. 35 VO (EU) 2017/625

64 Was bedeutet „ausreichende Zahl" von Gegenproben?

Das Recht auf ein zweites Sachverständigengutachten steht dem „Unternehmer" zu. Entsprechend müssen alle in Betracht kommenden Unternehmer die Möglichkeit zur Einholung eines zweiten Sachverständigengutachtens haben. Daher bestimmt sich die Anzahl der zu erhebenden Gegenproben nach der in Betracht kommenden Anzahl der Unternehmer. Bei einer Probe im Handel sind dies nicht nur der Händler, sondern auch der Hersteller, ggf. der Lagerist und der Lieferant von Rohwaren.

VORSCHRIFT
Art. 35 VO (EU) 2017/625

65 Warum ist das Recht auf ein zweites Sachverständigengutachten so wichtig?

Mit dem zweiten Sachverständigengutachten wird dem Unternehmer ein Verteidigungsrecht an die Hand gegeben. Damit entsteht gegenüber den Kontrollbehörden „Waffengleichheit" und dient der Verfahrensgerechtigkeit.

VORSCHRIFT
EuGH, Rs. C-267/01, Steffensen, Urt. v. 10.4.2003

66 Kann der Unternehmer auf eine Gegenprobe verzichten?

Die Gegenprobe steht dem Unternehmer zu. Der Unternehmer kann daher auch auf die Gegenprobe verzichten.

Notwendig ist daher die genaue Bestimmung, wer Unternehmer ist und gegen wen die gezogene Probe gerichtet werden soll.

In einem Herstellungsbetrieb sind die Festlegung des Unternehmers und dessen Verzicht noch einfach; Unternehmer ist der Inhaber/Geschäftsführer bzw. derjenige, auf den entsprechenden Pflichten delegiert sind.

Im Handel ist die Beantwortung der Frage schwieriger. Soll mit dem Ergebnis der Probe der Hersteller konfrontiert werden, weil z. B. die Zusammensetzung abweichend von der Deklaration ist oder nur der Händler, weil z. B. die Aufbewahrungsbedingungen nicht eingehalten wurden.

Regelmäßig kann der Handel nicht wirksam für den Hersteller auf die Zurücklassung einer Gegenprobe verzichten.

VORSCHRIFT
Art. 35 VO (EU) 2017/625

Rechte und Pflichten der Unternehmer

67 Welche Rechte bestehen im Online-Handel?

Die Verordnung erlaubt den Behörden auch den anonymen Testkauf und damit die anonyme Probenahme im Internet. Der Inverkehrbringer darf dabei allerdings nicht schutzlos stehen. Daher haben die Behörden nach dem Kauf umgehend den Verkäufer über ihr Handeln zu informieren, damit seine Rechte gewahrt werden. Sie müssen ihm auch eine Gegenprobe auf Anfrage zur Verfügung stellen.

VORSCHRIFT
Art. 36 VO (EU) 2017/625

HINTERGRUND
Bislang war es für Behörden schwierig, eine Probe von Waren, die im Internet angeboten wurden, zu nehmen. Dies scheiterte u. a. formal daran, dass bei der Probenentnahme kein Protokoll gefertigt werden konnte, aber auch daran, dass die Probenentnahme, die gewöhnlich ohne Erstattung der Kosten erfolgt, nunmehr bezahlt werden muss. Es blieb, dass Behörden ihnen bekannte Händler, die auch über das Internet vertreiben, Proben entnehmen konnten. Die neue Regelung ermöglicht nun flächendeckend, ohne Bekanntheit der Händler, solche Proben zu entnehmen.

Whistleblower

68 Was ist ein Whistleblower?

Ein Whistleblower ist eine Person, die einen Verstoß meldet.

VORSCHRIFT
Art. 140 Abs. 1 VO (EU) 2017/625

69 Warum ist ein Whistleblower für die Kontrolle wichtig?

Durch Hinweisgeber können unlautere Handelspraktiken oder andere Verstöße gegen das (Unions-)recht aufgedeckt werden, die seitens der Behörden noch nicht aufgedeckt wurden. Damit wird die Aufgabe der Überwachungsbehörden erleichtert, Verstöße festzustellen, abzustellen und zu sanktionieren.

70 Warum sind spezielle Schutzregeln für Whistleblower notwendig?

Das Problem für Hinweisgeber ist, dass diese mitunter nur dann Meldungen ihrer Beobachtungen und Feststellungen abgeben werden, wenn sie anonym bleiben können.

E-Mails sind durch die IP Adresse rückverfolgbar und auch Schriftstücke können wegen Individualisierungen zugeordnet werden.

Sobald ein Whistleblower individualisierbar ist, besteht die Gefahr, dass er Repressalien ausgesetzt ist.

Whistleblower können „insider" sein, die in einem Arbeitsverhältnis oder Liefer-/Abnehmerverhältnis zum unlauter agierenden Unternehmer stehen, so dass ihre Individualiserbarkeit sich selten günstig auf das bestehende (Abhängigkeits-) Verhältnis auswirken wird.

71 Wie sieht der Rahmen für den Schutz von Whistleblowern aus?

Art. 140 gewährt keinen Schutz für Whistleblower. Die Norm versetzt lediglich die Mitgliedstaaten in die Pflicht, hier Maßnahmen zum Schutz des Whistleblowers zu treffen.

VORSCHRIFT
Art. 140 VO (EU) 2017/625

72 Ist die Tätigkeit des Whistleblowers auf die Kontrollbehörden beschränkt?

Nein. Auch Unternehmen können ein Interesse daran haben, dass Hinweisgeber im Unternehmen unerwünschte Praktiken aufdecken. Daher kann es auch für Unternehmen interessant sein, entsprechende Verfahren einzurichten und die betreffenden Hinweisgeber zu schützen, um im Unternehmen betrügerische oder täuschende Praktiken oder andere unerwünschte Praktiken (Compliance-, Kartellverstöße, Korruption) aufzudecken.

Food Fraud

73   Was bedeutet Food Fraud?

Eine einheitliche rechtliche Definition für den Begriff des Food Fraud gibt es nicht. Die EU benennt hier vier Kriterien, nämlich

- Verletzung des EU Recht,
- Absicht,
- wirtschaftlicher Gewinn
- Täuschung des Verbrauchers.

Damit lässt sich Food Fraud nach Auffassung des BVL als das vorsätzliche Inverkehrbringen von Lebensmitteln mit der Absicht durch Verbrauchertäuschung einen finanziellen Gewinn zu erzielen definieren.

Der Ausdruck „Betrug" passt für den deutschen Sprachraum nicht, da unter „Betrug" eine Handlung nach § 263 StGB verstanden wird, die zudem eine Stoffgleichheit fordert. Stoffgleichheit bedeutet, dass der Gewinn unmittelbar aus dem Vermögen des Geschädigten folgt. Das wird in einer mehrere Handelsstufen umfassenden Kette nicht feststellbar sein.

Die Empfehlungen der BLAG definiert „Lebensmittelkriminalität/Food Fraud" als vorsätzlichen oder unerlaubten Austausch oder Zusatz, Verfälschung oder Falschdarstellung von Lebensmitteln, Lebensmittelbestandteilen oder Lebensmittelverpackungen oder täuschende Aussagen über ein Produkt, mit der Absicht, dadurch einen wirtschaftlichen Gewinn zu erzielen.

HINTERGRUND

In der Präventionsarbeit zum Lebensmittel werden zwei Anglizismen verwendet: Food Defense und Food Fraud. Food Defense betrifft die Wahrung der Lebensmittelsicherheit vor beabsichtigten Beeinträchtigungshandlungen Dritter. Food Fraud bezeichnet beabsichtigte betrügerische Handlungen, die nicht unbedingt die Sicherheit, sondern vor allem die Qualität des Lebensmittels betreffen (vgl. Abschlussbericht der Bund-Länder-Arbeitsgruppe Food Fraud/Lebensmittelkriminalität, 2018, S. 11).

Food Fraud

74 Seit wann gibt es Food Fraud?

Bereits in vorchristlicher Zeit wurden Lebensmittel verfälscht. Allerdings traten früher vermehrt gesundheitliche Gefahren auf. In den Fokus ist die Diskussion jedoch mit dem sogenannten Pferdefleischskandal im Jahr 2013 gerückt. Dies führte in der EU zur Errichtung des europäischen Food Fraud Networks, an dem sich 29 Mitgliedstaaten beteiligen.

75 Ist der Schutz vor Food Fraud neu?

Wie in der vorhergehenden Frage bereits beantwortet, waren Lebensmittel immer schon Gegenstand von Täuschungshandlungen, Irreführungen und betrügerischen Praktiken zu Lasten des Verbrauchers.

Daher hat das Lebensmittelrecht als Ziel, den Verbraucher nach Art. 5 Verordnung (EG) Nr. 178/2002 vor Gesundheitsgefahren und nach Art. 8 Verordnung (EG) Nr. 178/2002 vor Praktiken des Betrugs oder der Täuschung, der Verfälschung von Lebensmitteln und allen sonstigen Praktiken, die den Verbraucher irreführen können, zu schützen. Ebenso wollen Art. 7 Abs. 1 und Art. 36 Abs. 2 lit. a) und b) den Verbraucher vor irreführender, zweideutiger und missverständlicher Information schützen, egal ob es sich um eine Pflichtinformation oder freiwillige Information handelt. Abgerundet wird dieser Schutz durch § 11 LFGB, der vor Täuschung schützt. Auch die alte Kontrollverordnung (EG) Nr. 882/2004 will mit Art. 1 Abs. 1 lit. b) die lauteren Gepflogenheiten im Futter- und Lebensmittelhandel sowie den Verbraucherschutz gewährleisten.

Neu ist, dass die Lebensmittelüberwachung nunmehr die Beobachtung für Food Fraud in die risikobasierten Überwachung miteinbezieht. Es handelt sich damit um eine präventive Verwaltungsmaßnahme.

VORSCHRIFT
Art. 9, Art. 5 und 8 Verordnung (EG) Nr. 178/2002. Auch der Koalitionsvertrag zur 19. Legislaturperiode sieht die Bekämpfung von Food Fraud als Herausforderung an und sieht den Ausbau eines Nationalen Referenzzentrums vor.

Food Fraud

HINTERGRUND

Zu unterscheiden ist zwischen präventiven Verwaltungsmaßnahmen und repressiven Maßnahmen durch die Ordnungs- und Strafbehörden. Präventive Maßnahmen wirken auf die Verhinderung von Verstößen hin. Soweit Verstöße festgestellt werden, können Maßnahmen zur Verhinderung weiterer (künftiger) Verstöße unternommen werden und die bereits festgestellten Verstöße durch Bußgelder und Strafen nachträglich sanktioniert werden.

76 Wann ist mit Food Fraud zu rechnen?

Antrieb des Täters für Food Fraud Handlungen ist der finanzielle Anreiz. Daher sind Produkte anfällig, die größere Margen versprechen, wie z. B. Olivenöl, Fisch, Milch, Getreide, Honig, Kaffee, Tee, Gewürze, Wein, Rindfleisch, Kakao, Bestimmte Fruchtsäfte aber auch besondere Qualitäten (Bio, Nachhaltigkeiten) oder knappe Märkte (z. B. nach Missernten).

77 Wie kann Food Fraud kategorisiert werden?

Food Fraud kommt in verschiedenen Arten vor:

- Nachahmung zum Beispiel durch „Kopieren" (Käse, Schinken mit Geo-Schutz);
- Verfälschung;
- Verdünnung mit kostengünstigeren Produkten: Beispiel Streckung von Olivenöl mit Pflanzenöl, Verwendung von Pferdefleisch statt Rindfleisch;
- gefälschte Herkunftsdokumente: Fanggebiete, Bio;
- Verschnitt von Lebensmittel verschiedener geographischer Herkünfte ohne entsprechende Kennzeichnung;
- Vortäuschen einer besseren Beschaffenheit: Einsatz von Farbstoffen;
- Anwendung nicht gekennzeichneter oder verbotener Herstellungsverfahren;
- unerlaubte Veränderung;

- Verlängerung von Mindesthaltbarkeitsdaten;
- Überproduktion durch Meldung geringer Produktionszahlen und unberechtigter Weiterverkauf der Differenzmenge.

78 Was begünstigt Food Fraud?

Food Fraud wird durch verschiedene Faktoren begünstigt.

Dies sind einerseits hohe Gewinne: so bietet zubereiteter Fisch einer anderen als der ausgelobten Art hohe Erträge in der Gastronomie, Bio-Ware und Lebensmittel geographischer Herkünfte werden vom Verbraucher teurer bezahlt als vergleichbare Ware entsprechende Qualitäten.

Zudem ist der Betrug schwer vorhersehbar, besonders wenn es sich um bisher unbekannte Vorgehensweisen handelt. Hier sind entsprechend Vorhersagen schwer möglich, aber rückschauend sei hier an den Ersatz von Rindfleisch durch Pferdefleisch erinnert, was sich zuvor noch nicht ereignet hatte.

Vor allem aber sind analytisch schwer nachweisbare Verfälschungen beliebt: Das betrifft das Verdünnen von Olivenöl, das Strecken von Saft und Konzentraten sowie falsche Herkunftsangaben bei z. B. Gemüsen (Spargel) oder Honig.

79 Was bedeutet Food Fraud für die Lebensmittelüberwachung?

Im Rahmen der risikobasierten Kontrolltätigkeit sind Irreführungsrisiken bei der Prüfung der Risikoorientierung zu berücksichtigen und wirken sich auf Kontrollfrequenz aus.

Daher haben die Behörden regelmäßig, in angemessenen zeitlichen Abständen, die risikobasiert festgelegt werden, amtliche Kontrollen durchzuführen, um etwaige durch betrügerische oder irreführende Praktiken vorsätzlich begangene Verstöße gegen Vorschriften gemäß Art. 1 Abs. 2 aufzudecken. Ziel ist es, den Verbraucher und faires Handeln vor betrügerischen und irreführenden Praktiken zu schützen.

> **VORSCHRIFT**
> Art. 9 Abs. 2 VO (EU) 2017/625

80 Was bedeutet die Gefahr von Food Fraud für den Lebensmittelunternehmer?

Entsprechend dem gesetzlichen Auftrag an die staatliche Lebensmittelüberwachung muss der Unternehmer verstärkt für die Gefahr von Food Fraud sensibilisiert sein und hier präventiv Vorkehrungen treffen.

Daher soll der Unternehmer sich mit Food Fraud-Risiken in der Lieferkette (z. B. über Qualität und Herkunft von Rohstoffen, deren Authentizität, der Tierartbestimmung und der Zuverlässigkeit der Lieferanten) befassen.

Damit soll der Unternehmer vorbeugen, dass er nicht vom Opfer seines Vorlieferanten zum Täter gegenüber seiner nachfolgenden Lieferkette wird.

81 Welche Instrumente stehen dem Unternehmer für die Bewertung von Food Fraud zur Verfügung?

Der Unternehmer hat verschiedene Möglichkeiten, die Anfälligkeit für Food Fraud zu überprüfen. Dies sind:

- Allgemein:
  - Marktbeobachtung zu Angeboten und Ernten;
  - Ausbau der analytischen Kontrollen,
- im Verhältnis zum Lieferanten:
  - Anpassung der Spezifikationen um Authentizitätskriterien;
  - Lieferantenaudits
    - Räumlichkeiten in Augenschein nehmen;
    - Mengenbilanzen prüfen;
    - Spezifikationsüberwachung;

– Interviews mit Beschäftigten, die nicht nur mit „ja" und „nein" zu beantworten sind, sondern auch zu freien Antworten ermuntern, die Einblicke in den Geschäftsablauf erlauben;
– Prüfung von besonderen Auslobungen geographische Herkünfte, Bioqualität).

82 Welche Konsequenzen zieht das Thema für die Zertifizierung nach sich?

Die Zertifizierungen durch IFS, BRC und FSSC werden künftig auch Vorkehrungen gegen Food Fraud prüfen.

HINWEIS
Kapitel 4.21 IFS 2017; Kapitel 3.51, 5.4 und 9.1.1 BRC, Ausgabe 8; Teil II, 2.1.4.4 FSSC 22000.

83 Wie wird von amtlicher Seite Food Fraud begegnet?

Die Bekämpfung von Food Fraud ist ein Ziel der EU-Kontrollverordnung. Food Fraud stellt im Rahmen der amtlichen Kontrolle einen besonderen Aspekt der risikobasierten Überwachung dar.

VORSCHRIFT
Art. 9 Abs. 2 VO (EU) 2017/625

84 Welche Aufgaben nehmen EU Referenzzentren für die Echtheit und Integrität der Lebensmittelkette war?

Die Aufgaben der EU-Referenzzentren sind in Art. 97 f. EU-Kontrollverordnung zusammengefasst:

Es geht dabei um die Bereitstellung von Fachwissen für Fragen zur Echtheit und Integrität der Lebensmittelkette, die Bereitstellung von analytischen Methoden zum Nachweis von Lebensmittelbetrug, der Verbreitung von Forschungsergebnissen und technischen Innovationen sowie dem Aufbau und der Pflege von Datenbanken bzw. Referenzmaterialien.

VORSCHRIFT
Art. 97 f. VO (EU) 2017/625

85 Welche Fragen stellen sich im Rahmen der Authentizität?

Mit der Prüfung der Authentizität wird ein Lebensmittel hinsichtlich seiner Spezies bzw. Sorte, seiner geographischen Herkunft, der Produktionsweise, der Originalität bzw. Verfälschung der Verarbeitung und auf Zusätze überprüft.

Dazu bieten sich verschiedene Analysemethoden für die unterschiedlichen Produkte an:

So unterscheidet sich Bio-Milch von konventioneller Milch durch die Verteilung der δ13C und der δ15N Proteine.

Bei Lachs kann die Produktionsweise durch eine Fettsäureanalytik unterschieden werden.

Bei Fleischerzeugnissen gelingt der Nachweis von Fremdeiweißen durch den Einsatz von Erbse, Lupine und Soja.

Geographische Herkünfte lassen sich durch bestimmte Umweltmarker unterscheiden.

VORSCHRIFT
Art. 97 f. VO (EU) 2017/625

86 Wie wird Food Fraud sanktioniert?

Mit der Verordnung werden keine neuen Sanktionsmaßnahmen im Fall von Food Fraud aufgestellt. Auch hat die EU keine Kompetenz für die Sanktionierung von Verstößen, dies ist Aufgabe der Mitgliedstaaten.

Food Fraud

Daher stehen für die Sanktionierung von Food Fraud die Straf- und Bußgeldvorschriften des LFGB zur Verfügung.

VORSCHRIFT
§§ 58 ff. LFGB, § 263 StGB

Transparenz & Hygienebarometer

87 Was bedeutet Transparenz der Kontrolle?

Grundsätzlich unterliegt die Kontrolltätigkeit der Behörden einer Verschwiegenheitspflicht. Die erlangten Informationen aus der Durchführung der Kontrolle unterliegen einer beruflicher Geheimhaltungspflicht.

Hingegen sind die Behörden aber zu einer regelmäßigen (statistische) Veröffentlichung über die amtlichen Kontrollen hinsichtlich der allgemeinen Information über Art, Anzahl, Ergebnis der Kontrollen, Art und Anzahl der festgestellten Verstöße, Maßnahmen und Sanktionen – zum Beispiel in den Jahresberichten der Kontrollbehörden – verpflichtet.

Ebenso hindern die Verschwiegenheitspflichten die Behörden nicht daran, Informationen über Kontrollergebnisse bzgl. einzelner Unternehmer zu veröffentlichen, solange eine Anhörung des Betroffenen gewahrt ist und seine Bemerkungen berücksichtigt werden (Art. 8 Abs. 5).

Schließlich haben die Behörden schriftliche Aufzeichnungen über jede Kontrolle zu erstellen und sind zur Aushändigung einer Kontrollberichts-Kopie auch in Fällen ohne Abweichung auf Antrag verpflichtet.

VORSCHRIFT
Art. 11 Abs. 1 Satz 1, Art. 113 Abs. 1 VO (EU) 2017/625

88 Müssen die Behörden Rechenschaft über die Kontrolltätigkeit ablegen?

Ja. Bereits Erwägungsgrund 39 erklärt, dass die zuständigen Behörden sowie die beauftragten Stellen und die natürlichen Personen, denen bestimmte Aufgaben übertragen wurden, gegenüber den Unternehmern und der Öffentlichkeit für die Effizienz und Wirksamkeit der von ihnen durchgeführten amtlichen Kontrollen rechenschaftspflichtig sind. Dazu sollen Informationen über die Organisation und Durchführung amtlicher Kontrollen und anderer amtlicher Tätigkeiten zugänglich gemacht werden und regelmäßig Informationen über amtliche Kontrollen und deren Ergebnisse veröffentlicht werden.

Konkret verlangt Art. 11, dass die zuständigen Behörden nicht nur interne Rechenschaftsberichte abgeben, sondern auch die Öffentlichkeit mindestens einmal im Jahr über die Organisation und Durchführung der Kontrollen informieren. Dazu genügt eine Darstellung im Internet. Zudem ist ein Jahresbericht zu erstellen. Überdies ist nach Art. 113 die Kommission zu unterrichten.

VORSCHRIFT
Art. 11 Abs. 1 Satz 1, Art. 113 Abs. 1 VO (EU) 2017/625

89 Was ist Inhalt der Information gegenüber der Öffentlichkeit und des Jahresberichts?

Die Öffentlichkeit ist über relevante Informationen über die Organisation und Durchführung der Kontrollen zu informieren.

Ferner sind regelmäßig und zeitnah Informationen über Art, Anzahl und Ergebnis der amtlichen Kontrollen, die Art und Anzahl der festgestellten Verstöße, die Art und Anzahl der Fälle, in denen die zuständigen Behörden gemäß Artikel 138 Maßnahmen ergriffen haben und die Art und Anzahl der Fälle, in denen die Sanktionen gemäß Artikel 139 verhängt wurden zu veröffentlichen. Dies kann auch im Jahresbericht erfolgen.

VORSCHRIFT
Art. 11 Abs. 1 Satz 1 VO (EU) 2017/625

90 Besteht Anspruch auf Korrekturen bei Ungenauigkeiten der Berichte?

Alle Ungenauigkeiten in den der Öffentlichkeit zugänglich gemachten Informationen müssen entsprechend korrigiert werden. Die Behörden haben dazu entsprechende Verfahren vorzunehmen. Die Effektivität dieser Vorgabe des Unionsrechts wäre gefährdet, wenn differenziert wird, wer die Ungenauigkeit aufdeckt. Daher ist es gleichgültig, ob die Ungenauigkeit von den Behörden selber festgestellt wird, oder ob betroffene Unternehmer oder Dritte die Ungenauigkeit feststellen und melden.

VORSCHRIFT
Art. 11 Abs. 2 VO (EU) 2017/625

91 Haben Hygieneampel und Hygienebarometer eine Zukunft?

Ja. Bereits Erwägungsgrund 39 erklärt, dass die zuständigen Behörden unter bestimmten Bedingungen befugt sein sollen, Angaben über die Einstufung einzelner Unternehmer aufgrund der Ergebnisse der amtlichen Kontrollen zu veröffentlichen oder zugänglich zu machen. Dabei wird die Verwendung von Einstufungssystemen als ein Mittel zur Erhöhung der Transparenz entlang der Lebensmittelkette gesehen. Allerdings stehen derartige Veröffentlichungen unter dem Vorbehalt, dass sie ausreichende Garantien für Fairness, Kohärenz, Transparenz und Objektivität bieten.

Art. 11 Abs. 3 konkretisiert, dass die zuständigen Behörden Angaben über die Einstufung einzelner Unternehmer aufgrund der Ergebnisse einer oder mehrerer amtlicher Kontrollen veröffentlichen oder der Öffentlichkeit auf anderem Weg zugänglich machen.

Hervorzuheben ist aber, dass eine Pflicht für die Erstellung von Instrumenten wie einer Hygieneampel oder eines Hygienebarometers hingegen nicht besteht.

VORSCHRIFT
Erwägungsgrund 39, Art. 11 Abs. 3 VO (EU) 2017/625

92 Welche Voraussetzungen müssen für Einstufungen erfüllt sein?

Die Einstufungskriterien müssen objektiv, transparent und öffentlich verfügbar sein und es müssen geeignete Regelungen bestehen, die gewährleisten, dass der Einstufungsprozess fair, schlüssig und transparent ist.

Die Einstufung sollte das tatsächliche Ausmaß der Einhaltung korrekt wiedergeben; insbesondere sollten zuständige Behörden angehalten werden, dafür zu sorgen, dass die Einstufung auf dem Ergebnis mehrerer Kontrollen beruht, oder, wenn die Einstufung auf dem Ergebnis einer einzigen amtlichen Kontrolle beruht und die Ergebnisse negativ sind, innerhalb einer angemessenen Frist weitere amtliche Kontrollen durchgeführt werden.

VORSCHRIFT
Art. 11 Abs. 3, Erwägungsgrund Nr. 39 VO (EU) 2017/625

PRAXISHINWEIS
Art. 11 Abs. 3 gibt den Rahmen vor. Es ist eine nationale Umsetzungsmaßnahme notwendig. Hier ist vom Gesetzgeber zu berücksichtigen, dass die Veröffentlichung von Kontrollergebnissen es bewusst ermöglicht, Unternehmen zu vergleichen, insbesondere wenn dann noch zusätzlich Ampelfarben eingesetzt werden, die im Bewusstsein der Verbraucher entsprechend besetzt sind. Hygienebarometer und -ampel verfolgen den präventiven Zweck, dass Unternehmen zu mehr Hygiene bewirkt werden. Es erfolgt letztlich durch eine nicht ausnahmslos positive Bewertung eine Art der „Anprangerung". Die Folge sind einerseits zwar gewisse Vollzugserleichterungen, weil die Unternehmen die Vorgaben verbessern, allerdings wirkt der Staat damit auch marktlenkend ein, weil er den entsprechenden Wettbewerbsdruck erhöht. Eine so erfolgte öffentliche Bewertung durch die Behörden hat damit unmittelbare Auswirkungen auf die Wettbewerbsstellung der betroffenen Unternehmen, weil negative Einstufungen zwangsläufig zu (massiven) wirtschaftlichen Einbußen führen können. Schließlich stellen Betriebsbegehungen punktuelle Ereignisse dar, die zu unterschiedlichen Zeitpunkten von unterschiedlichem Behördenpersonal mit unterschiedlicher subjektiver Empfindung getroffen werden. Hier muss die Gelegenheit zu Nachkontrollen gegeben sein, um verzerrte Ergebnisse zu verhindern. Entsprechend bestehen an Regelungen zur Hygieneampel und zum -barometer wegen der Grundrechtseingriffe hohe rechtstaatliche Anforderungen.

93 Welche Einstufungssysteme bestehen in Deutschland?

Derzeit bestehen lediglich in Niedersachsen und in Nordrhein-Westfalen entsprechende Systeme.

Das Kontrollergebnis-Transparenz-Gesetz (KTG) vom 07.03.2017 in Nordrhein-Westfalen wurde als erste landesgesetzliche Grundlage für

Kontrollbarometer/Hygieneampel verabschiedet – und ist im Zuge des Regierungswechsels wieder abgeschafft worden.

In Niedersachsen besteht ein freiwilliges Pilotprojekt „Hygienebarometer Niedersachsen" seit 2017.

94 Braucht es Hygienebarometern und Hygieneampeln?

Wie oben angesprochen, haben die Instrumente der Hygienebarometern und Hygieneampeln eine lenkende Wirkung und können die Kontrolltätigkeit der Behörden erleichtern.

Allerdings sind den Behörden bereits durch das LFGB Maßnahmen an die Hand gegeben, die rechtsstaatlich abgesichert sind und vorrangig zu verwenden sind, nämlich die behördliche Verfügung eines bestimmten Tun, Duldens oder Unterlassen nach § 38 ff. LFGB und die Möglichkeit der Sanktionierung durch Bußgelder oder Strafen.

VORSCHRIFT
Art. 11 Abs. 3 VO (EU) 2017/625

95 Wie steht es um die Zukunft von § 40 Abs. 1a LFGB?

Der außer Vollzug gesetzte § 40 Abs.1a LFGB hatte zur Aufgabe, dass die Lebensmittelüberwachung über Missstände berichten darf.

Wegen verfassungsrechtlicher Bedenken wurde § 40 Abs. 1a LFGB in der Anwendung ausgesetzt. Nunmehr entschied das Bundesverfassungsgericht, dass die behördliche Pflicht zur Öffentlichkeitsinformation über Verstöße von Unternehmen gegen lebensmittel- und futtermittelrechtliche Vorschriften in § 40 Abs. 1a LFGB bei verfassungskonformer Anwendung grundsätzlich nicht zu beanstanden ist. Allerdings sei die Regelung insoweit mit der Berufsfreiheit unvereinbar, als die Information der Öffentlichkeit zeitlich nicht begrenzt sei. Daher wird mit einer überarbeiteten Bestimmungen zu rechnen sein.

VORSCHRIFT
§ 40 Abs. 1a LFGB, BVerfG, Beschluss vom 21.3.2018, Az 1 BvF 1/13

Kosten der Kontrolle

96 Können die Mitgliedstaaten Kosten für Kontrollen erheben?

Die Mitgliedstaaten sind frei darin, Kosten bzw. Gebühren für die Kontrollen zu erheben. Es besteht insoweit betreffend die Kosten das Prinzip der Freiwilligkeit. Ausgenommen sind Kontrollen für Nachkontrollen, Anlasskontrollen, Importkontrollen und Tätigkeiten, die auf Antrag der Unternehmer vorgenommen werden. Diese sind kostenpflichtig.

VORSCHRIFT
Art. 80 VO (EU) 2017/625

HINTERGRUND
Damit findet das alte Recht in der EU-Kontrollverordnung seine Fortsetzung in Bezug auf die Kosten. Bereits derzeit besteht die Freiwilligkeit der Kostenerhebung durch die Mitgliedstaaten. Die Mitgliedstaaten können Gebühren oder Kostenbeiträge zur Deckung der Kosten erheben, die durch die amtlichen Kontrollen entstehen, müssen es aber nicht. Bei der Festsetzung der Gebühren berücksichtigen die Mitgliedstaaten

- die Art des betroffenen Unternehmens und die entsprechenden Risikofaktoren;
- die Interessen der Unternehmen mit geringem Durchsatz;
- die traditionellen Methoden der Produktion, der Verarbeitung und des Vertriebs;
- die Erfordernisse von Unternehmen in Regionen in schwieriger geografischer Lage.

Allerdings besteht die Pflicht, bestimmte Kontrollen kostenpflichtig durchzuführen.

VORSCHRIFT
Art. 27 f Verordnung (EG) Nr. 882/2004

97 Werden Routinekontrollen zwingend kostenpflichtig?

Nein, für Routinekontrollen fallen keine zwingenden Pflichtgebühren an, auch keine Reisekosten. Es bleibt den Mitgliedstaaten – und im Rahmen der Staatsorganisation den Gliedstaaten (Bundesländern) überlassen – ob sie hier Kosten erheben, um dem Prinzip der Art. 80 und 82 zu genügen und eine Kostendeckung zu erreichen.

VORSCHRIFT
Art. 80, 82 VO (EU) 2017/625

98 Bleiben Importkontrollen kostenpflichtig?

Ja, Importkontrollen bleiben kostenpflichtig.

VORSCHRIFT
Art. 79 iVm Art. 82 VO (EU) 2017/625

99 Bleiben sektorspezifische Kontrollen kostenpflichtig?

Ja, sektorspezifische Kontrollen bei Schlachttier- und Fleischuntersuchung sowie Kontrollen in der Milch- und Fischindustrie bleiben kostenpflichtig.

VORSCHRIFT
Art. 79 iVm Art. 82 VO (EU) 2017/625

100 Wie steht es um die Kostenpflichtigkeit bei anlassbezogenen Kontrollen?

Anlassbezogene Kontrollen wie Nachkontrollen, Verdachtskontrollen sowie Dienstleistungen wie Zulassung und Genehmigung bleiben kostenpflichtig.

VORSCHRIFT
Art. 79 iVm Art. 82 VO (EU) 2017/625

101 Wie ist die derzeitige Lage der Gebührenerhebung in Deutschland?

In Deutschland werden für Routinekontrollen nur in wenigen Bundesländern Gebühren erhoben. Dies sind Schleswig-Holstein, wo Futtermittelkontrollen gebührenpflichtig sind sowie Nordrhein-Westfalen und Niedersachsen mit gebührenpflichtiger Routine- und Anlasskontrolle.

VORSCHRIFT
§ 1, 3, 5 Niedersächsisches Verwaltungskostengesetz, §§ 1, 2 Gebührengesetz Nordrhein-Westfalen

102 Was ist Maßstab der Gebührenberechnung in Niedersachsen?

In Niedersachsen bestehen je nach Betriebsgröße gestaffelte Zeitaufwandssätze, die bei kleineren Betrieben gedeckelt sind.

Im Einzelfall sind es bei Betrieben mit

- bis zu € 125.000 Jahresumsatz maximal € 43;
- bis zu € 250.000 Jahresumsatz maximal € 66;
- über € 250.000 nach Zeitaufwand.

Zusätzlich sind die Auslagen zu erstatten.

In Nordrhein-Westfalen werden für Kontrollen vor Ort für bis zu 60 Minuten € 57,- zzgl. Wegegeld von € 20,- erhoben, bei Kontrollen von mehr als 60 Minuten für die erste Stunde € 77,-, danach nach Zeitaufwand im Viertelstundentakt.

VORSCHRIFT
§ 1, 3, 5 Niedersächsisches Verwaltungskostengesetz, §§ 1, 2 Gebührengesetz Nordrhein-Westfalen iVm § 1 Abs. 1 S. 1 iVm Tarifstelle 23 der Allgemeinen Verwaltungsgebühren Verordnung Nordrhein-Westfalen

103 Warum werden Gebühren erhoben?

Mit der Gebührenerhebung sollen die öffentlichen Haushalte entlastet werden und ausreichende Mittel zur Verfügung stehen, um eine angemessene Dichte und Qualität der Überwachung gewährleisten zu können. Dabei sollen die Kosten anlassbezogen vom Verursacher getragen werden.

VORSCHRIFT
Art. 80, 82 VO (EU) 2017/625

104 Was spricht gegen die Gebührenerhebungen?

Insbesondere Routinekontrollen sind ordnungsbehördliche Tätigkeit im öffentlichen Interesse. Daher ist es die Frage, ob Unternehmen für Routinekontrollen überhaupt einen Anlass geben.

Denn soweit keine Beanstandungen bestehen und eigene Systeme zur Qualitätssicherung bestehen, scheiden Anlässe zur Kontrolle aus. Eine nicht anlassbezogene Regelkontrolle ist aber originäre hoheitliche Aufgabe im Rahmen der Daseinsvorsorge.

Die Unternehmen wissen nicht, was auf sie zukommt. Die Kontrollen können unterschiedlich intensiv ausfallen. Damit sind die Kostenregelungen einerseits der Höhe nach unbestimmt, und im Vergleich zu Wettbewerbern können die Kosten auch ungleich ausfallen und wären damit Eingriffe in den Wettbewerb wegen ungleicher Lastenverteilung. Eine ungleiche Lastenverteilung macht dann die Gebührenerhebung gleichzeitig unverhältnismäßig.

Eine allgemeine Gebührenpflicht läuft Stärkung der Effizienz der Überwachung zuwider. Denn wenn Gebührensätze durchaus auskommlich sind, kann durchaus der Anreiz zu ausgedehnten und häufigen Kontrollen bestehen, zumal ein Rahmen für die Intensität und die Anzahl fehlt.

105 Wie bewerten die Gerichte die Gebührenerhebungen?

Zwischenzeitlich liegen erstinstanzliche Urteile und ein Berufungsurteil zu der niedersächsischen Regelung vor.

Vom OVG Lüneburg wurde bestätigt, dass bereits durch den Betrieb eines Lebensmittelunternehmens der Anlass für Routinekontrollen gesetzt ist.

Ebenso seien die Gebührenregelungen hinreichend bestimmt, weil die AVV RÜb die Kriterien zur Festlegung der Kontrollfrequenz vorgibt.

Die neu getroffene Gebührenstaffelung verletzt den Gleichheitsgrundsatz nicht.

Allerdings wurde moniert, dass die Fahrzeitenberechnung und -kostenerstattungen bei mehreren Kontrollbesuchen rechtswidrig sind.

Somit sind die Klagen lediglich hinsichtlich der Fahrtkostenberechnung erfolgreich gewesen.

Quelle: OVG Lüneburg 13. Senat, Urteil vom 27.09.2017

Auswahl weiterführende Literatur

Angegeben ist nur eine Auswahl von Überblicken zu den genannten Materien.

Bienzle, Neue EU-Kontrollverordnung, Food & Recht Praxis, Juni 2017, 4

Bienzle, VO 625/2017, in Riemer (Hrsg.) Lebensmittelverpackung, VII., I.

Busch/Krenz/Schellenberg/Huber/Pavlovic, „Food Fraud" – Analytische Herausforderungen von Lebensmittelverfälschungen, ZLR 2017, 424

Eberlein, Update zum Kontrollergebnis-Transparenz-Gesetz in NRW, ZLR 2017, 402

Fechner/Grün/Wegner-Hamblock/Riemer/Horschke/Daxenberger, Leitfaden zur Einführung eines Food Fraud Safety Sytems, 2018

Nöhle, Der Whistleblower – Gutmensch, Verräter oder neuer Kollege der amtlichen Überwachung, ZLR 2017, 256

Senatsverwaltung für Justiz, Verbraucherschutz und Antidiskriminierung Berlin, Abschlussbericht der Bund-Länder-Arbeitsgruppe Food Fraud Lebensmittelkriminalität, 2018

Rechtsprechung (Auswahl)

Gericht	Az.	Datum	Inhalt	Fundstelle
EuGH	C-276/01	Urteil vom 10.3.2003	Steffensen – Recht auf Gegenprobe	LRE 45, 256
EuGH	C-636/11	Urteil vom 11.4.2013	Berger – Recht auf Information durch die Behörden	LRE 65, 169
BVerfG	1 BvG 1/13	Beschluss 21.3.2018	§ 40 Abs. 1a LFGB ist verfassungskonform anzuwenden	
OVG Lüneburg	13 LC 233/16	Urteil 27.9.2017	Planmäßige Routinekontrollen können gebührenpflichtig sein	LRE 75, 67

Stichwortverzeichnis

A
abgeleitete Rechtsakte Begriff 8
Adressat 4
amtliche Tätigkeiten 9
Amtsgeheimnis 16
andere amtliche Tätigkeiten 10
Anforderung
– an zuständige Behörden 14
Anforderungen
– Kontrollpersonal 14
Aufbau und Gliederung 7
AVV RÜb 15, 20, 21, 59

B
beauftragte Stelle 10, 11
Bedarfsgegenstände
– sonstige 4
Betriebsablauf 23, 25, 28
Biokontrollstelle 17
BRC 5, 21

D
Delegierter Rechtsakt 8
Dokumentation 6, 26, 27
– Aushändigung an Unternehmer 26
Durchführung amtlicher
  Kontrollen 13
Durchführung der Kontrolle 13
Durchführungsrechtsakt 7, 8

E
Eigenkontrolle 28
Eigenkontrollen 21, 35
Einstufungen
– von Gastronomiebetrieben 6
Einstufungssystem 51, 53

F
Food Defense 41
Food Fraud 5, 20, 41, 44
– Bewertung 45
– Objekte 43
– Sanktionierung 47

G
Gegenprobe 36, 37
Gegenstand der amtlichen
  Kontrolltätigkeit 9
Geheimhaltungspflicht 33, 34
Geltungsbeginn 8
gemeinsame Organisation
  der Märkte 4
Gesundheitsschutz 15

H
Handelslabore 29
Hygieneampel
  Siehe Einstufungssystem
Hygienebarometer
  Siehe Einstufungssystem
Hygienemängel 19

I
IFS 5, 21
Importkontrolle
– Kosten 56

J
Jahresbericht 6

K
Kontrollbehörde für ökologische/
  biologische Produktion 11

Stichwortverzeichnis

Kontrolle
- angekündigte 23, 25
- anlassbezogen 23
- beantragte 25
- Dokumentation
 Siehe Dokumentation
- Durchführung 24
- Effizienz 23, 28
- Food Fraud 44
- Gegenstand 23
- Methoden und Techniken 28
- Rechenschaft 49
- Transparenz 49

Kosmetika 4

Kosten
- Berechnung 57
- Nachkontrolle 56
- Routinekontrolle 56
- sektorspezifische Kontrolle 56

Kosten der amtlichen Kontrolle 55

M
Mitwirkungspflichten 5

N
Non-Food-Produkte 4

O
Online-Handel 38

P
Produktsicherheit 4

R
REACH 4
Rechtschutz 33
Registrierungspflicht 5, 32, 33
Risiko 19
Risikobasierung 6
Risikoorientierung 15, 19, 20, 23

T
Tabak 4
Transparenz 6

U
untere Verwaltungsbehörde 13
Unternehmer 31
- Pflichten 31

V
Verfahren
- dokumentiertes 24
Verhältnismäßigkeit 28
Verschwiegenheit 16, 17
Vollzug
- einheitlicher 15
Vorankündigung 15
- Kontrolle 19

W
Whistleblower 39
Wirtschaftsbeteiligte 5

Z
zuständige Behörde 11, 13